U0505978

于非个中人套用西学模式的阐释。因此,选编以民国教
□主的佛学著作(以教界的立场,佛学即是佛教),就是希
□开一扇窗,让读者能够看到反映那个时代佛教原生态的
□,从而能更全面地在当时的历史文化大背景中去回顾与
□民国佛教的历史,体味它的精神价值与特色所在。

□结合历史文化的背景论衡民国佛学的价值与特色,契入
□度应该很多,可以是历史的,也可以是社会的;可以是思
□,也可以是学术的。但无论哪个角度或者是综合的考
□都可以明显地感受到,那是一个正处在剧烈变化动荡中
□代,用时兴的语言来说,就是正处在一个前所未有的转
□中。

□时人身处于这种处处求"变",处处在"转"的大环境中,
□自觉或不自觉,主动或随流之分,但大都明显地交织着
□西、传统与现代之间的纠结与困惑,还多少带有一种"随
□零"、"无可奈何"的况味在。这种状态,即使不能完全说
□做不得主",但自信度不足则或多或少应该是有的。而思
□化界在那种被动语态下所生发的思考及对应性研究,也
□都是外缘性的,也多少让人觉得有"气短"之感。

□所谓外缘性,其具体的表现往往有以下这些方面:在讨

民国佛学讲记系列

药师经讲记

太虚法师／讲述

上海古籍出版社

图书在版编目(CIP)数据

药师经讲记/太虚法师讲述. —上海：上海古籍出版社，
2014.1（2025.4重印）
（民国佛学讲记系列）
ISBN 978-7-5325-6813-0

Ⅰ.①药… Ⅱ.①太… Ⅲ.①大乘—佛经—研
究 Ⅳ.①B942.1

中国版本图书馆CIP数据核字(2013)第 082061 号

民国佛学讲记系列

药师经讲记

太虚法师　讲述
上海古籍出版社出版、发行
（上海市闵行区号景路159弄1–5号A座5F　邮政编码201101）
(1) 网址：www.guji.com.cn
(2) E-mail：gujil@guji.com.cn
(3) 易文网网址：www.ewen.co
上海展强印刷有限公司印刷
开本 787×1092　1/32　印张 5.375　插页 5　字数 82,000
2014 年 1 月第 1 版　2025 年 4 月第 10 次印刷
印数：14,701-16,800
ISBN 978-7-5325-6813-0

B·814　定价：35.00 元

如发生质量问题，请与承印公司联系
电话：021-66366565

非"依他起"的
（代

多
界
望
文
考

的
想
察
的
型

虽
中
风
是
想
往

　　民国佛学，无论是放在两千多年的中　
还是置于近现代中国思想文化系统内比照　
鲜明而不容忽视。然而，我们对还不及百　
的有清晰的认识了吗？在出版界、文化界　
国热"中，民国佛教是否真正得到了应有的　
不尽人意的。这两方面的不相应，触发了素　
的佛教著作为主体，选编一套丛书的想法。　

　　应当说，民国佛教所具有的丰沛意涵　
态中所表现出来的那种特有姿态，以及对个
多启迪，绝对不局限于佛教界。然而，在佛
低估的今天，今人对佛教，尤其对是民国佛

论问题、寻求原因时，其基本的问题意识总体上偏重于时代性、文化性，而缺乏超越性与本质意义上的思考，即因过于注重功利实效而遮蔽了理念理想这些根本性的问题；夸大工具理性的作用，而对价值理性常有忽视；太在意于向西学靠，习惯于套用人家的话语来说自家的问题；因刻意追求所谓的学术规范，致使本质性的问题反被忽略；过于强调以某一类单一的学术规范（也是西化的）为标准，来替代学术表达的多样性；重学术而轻思想，强调技术性专业性而掩盖思想的欠缺与贫乏，如此等等。虽然，这些表现在民国时代，较之现今还不算十分突出，但性质相近。就此而言，可以借用挑战—回应模式来概括晚清民国时期思想文化界的特点。又因为，那些外缘性的研究虽然类型各有不同，有中西论衡式的，也有取现代与传统相对峙的框架做比对考量的，更有将两者同构叠加的，然而在本质上，都可以归结为是在某种压力下的被动式，所以，又可借用佛教唯识学"依他起"的概念为其定性。在此，我们无意讨论这种为迎合而有的调适或策略究竟会带来怎样的结果。指出上述文化现象，是企望先为读者提供民国佛教（学）所处时代的历史文化背景，从而可以在比较之中更深切地了解佛教界在那个时代其弘教风格的特色所在。

至于这种外缘性的研究表现在佛学上的特点,往往是依西学的分科法,将佛教视为一外在的、客观的对象,予以被尊之为纯学术的研究。较有代表性的如汤用彤先生、吕澂先生等(他们的前辈欧阳竟无居士类型较复杂)。虽然这些前辈与二十世纪后叶大陆佛教学者有所不同,他们对佛教的内在价值并非视而不见,也不排斥,但总体上还是将佛教信仰一路置于视线之外的。与前一类不同,另一类则保持传统佛学之一贯,谨守佛教立场,依佛法的内在理路,结合着人生及时代问题来阐说佛法佛理,始终以信仰与解脱为中心与重心,以佛教固有的话语来阐扬佛教的精神与价值。这个特色,就是非外缘性的、即非"依他起"的弘教风格。与前者其影响多在部分之学术界有异,后者则在更广泛的社会层面上发生作用。应该说,两者各有形态,各有特色,也各有范域,共同构成了民国佛教的整体。但真正能体现佛教之内在精神,则还是应以后者为代表。

　　当然,以上的划分只是一个大概,或者说是一种方便说法。就当时而言,两者的影响或作用也常常会交替地发生。且学术研究并非与信仰对立,顾此也并非必然失彼,两者兼顾而一样地能有卓越成就如印顺导师者,即是二十世纪佛教研究的典范。再如江味农居士的《金刚经讲义》，既保持了传统讲经的特色，在教言教，凸显佛教第一义，又注重对现代学术成果的汲取及现代学术方法的活用，同样是两不相碍的。可惜的是，这种学风，传承者鲜，以致当今学界与出版界，对民国学术界的佛学研究虽不乏重视，而对教界的成果却几无关注、甚至缺乏基本的了解；尤其是对那些纯以弘法为务的讲经说法类著作，似乎根本不在其视域之内。然而，我们恰恰认为那类弘法性著作，以其非"依他起"的性质，才能彰显佛教的精神，也最能代表民国佛教的特色，舍此必不能全面地认识当时的佛教何以能立足于当代，也不能真正看清民国佛教的价值所在。

还需指出的是，将民国佛教定性为非外缘性，并不等于说民国佛教的姿态都是"独来独往"，与世隔绝地"自说自话"；也并非无视资取西方现代学术方法和理论从事佛学研究所获得的成果。在世间范围内，任何存在的价值都是相对的，究竟以何种方法来阐发佛学更为有效，非三言两语就能说清，因此，对民国期间所存在的两种研究倾向之高下暂不予评说。在此仅想说明，在思想文化界主流的话语都是外缘性，亦即"依他起"的大背景下，佛教界却始终以自己的方式说着自己要说的话，而这种看似"异样"其实正常的叙事方式，很显然地透现，在那个"大转型"的时代，另有一种"不转"的可能性与存在维度；后者在展现其独特的价值及风采之同时，更为我们提供了在世界格局下不同文化之间交流的经验。

以下，试就本丛书第一辑所选的读本作具体的申论。

先说作者。首辑四种，除上文已提到的江味农居士的《金刚经讲义》外，还有谛闲法师的《圆觉经讲义附亲闻记》、太虚法师的《药师经讲记》和黄智海居士的《阿弥陀经白话解释》。所选作者，都有一定代表性。如谛闲法师既为晚清民国佛学泰斗，又被视为"旧派"佛教的代表人物，在当时即倍受教、学两界推崇；而相对"旧派佛教"，太虚法师则为民国"新派佛教"的领袖人物，且在国际上也有相当的影响，是研究现代中国佛教绕不过的人物。另两位江味农居士和黄智海居士，则是民国佛教居士界的重要人物；而居士佛教的勃兴，实乃民国佛教之一大特色。取两僧两俗为代表，不乏典型意义。

再说文本。如《圆觉经》为大乘佛教的重要经典，自唐佛陀多罗译出后，历代各宗各派多有疏解讲习。此经因主张一切众生皆有"如来圆觉妙心"（《普贤章》），被后世判教者划为华严部。谛闲法师以一天台大家(四十三代传人)详解是经，且不说内中称性发挥，俯拾可见的精彩思想，仅其依循台宗家法，严守法度的讲经风格，读者便能一见佛学研究的原生态。谛闲法师一生讲经无数，风格始终一贯，据当时教界媒体记载，法师每讲经，听众往往以千记，时有轰动，效果之佳，或能令当今在"大讲堂"上走红者歆羡。

如果说谛闲法师是一位倾向于传统型的高僧，他习惯于旧有的讲经论学的方法，乃情理中事，那么，思想和眼界都很"新潮"的太虚法师，一贯强调要以人间佛教的理念弘法传教，著作中也每多谈论西学，但在讲经时却全取传统的科判方式，条分缕析，一板一眼，而全无"新潮"之态，那就很值得玩味了。这是否意味着，在虚大师的眼里，那种"新潮"的表述方式，于弘法说教、续佛慧命之实践并非对机、适宜，或至少是效果欠佳，难尽人意呢？其实，虚大师在《评〈梁启超〉大乘起信论考证》一文中就有过这样明确的说法："吾以哀日本人西洋人治佛学者，丧本逐末，愈趋愈远，愈走愈歧，愈钻愈晦。"虚大师实际上指出了，适应时代的内涵阐发与坚守传统的讲学理路，不仅可能兼容不悖，而且可以相得益彰。新有新的意义，但坚持(或保守)更有坚持(或保守)的价值。如本丛书选其《药师经讲记》，从目录上看：甲乙丙丁、悬论、叙请(序)分、正说(宗)分、流通分……层次历然，格式完全是旧式的，毫无"现代感"可言。而在内在的理路上，则始终以佛教信解行证、教理行果来组织问题并展开说明，同样显得很不"现代"。

然而不得不要说的是，虚大师此书所透出的理念，又是很现代的。在佛教契理契机的原则指导下，大师始终认为，现代社会对佛教的开展首先应着重于现实人生问题的关注，即生死解脱的实践首先得从"生"的对治开始。而一切"生"的问题，都是现实问题。所以，佛教的弘法手段及其自身的生存发展，不仅应有与现代社会相契合的特点，而且尤需注意佛教与"现代人类生活相资相养之关系(参见《药师经讲记》"悬论"一"缘起")。虚大师这种对于佛教践行的开放性、现代性与对于佛学研究的保守性，看似矛盾，其实透现出大师级教内佛学家优游于现代又不为现代压力所动的那份从容与自信。而这种自信与从容，并不仅仅体现于一二高僧身上。如江味农居士在《金刚经讲义》中这样说："今日欲救人心，挽回世运，惟有弘扬佛法，以其正是对症良方故也。"(页349)且"正以对病之故，恰与人情相反"(同上)，所论明确宣示了不迎合，不媚俗之佛教精神。也因此，秉承佛教传统，用佛教自己的话，说佛教该说的事，所谓"在教言教"，在当时的佛教界，也实在是最自然不过的事。于是便有了那份淡定从容、自重自信。这一点，在黄智海居士的《阿弥陀经白话解释》中也有同样的体现。

《阿弥陀经》，是中国佛教净土宗的一部重要经典，在大众社会影响很大。此经为引导、提振信众的信心，对西方佛国殊胜的描述具体详尽。如对于没有佛教信仰，或未能全面了解佛教的读者来说，佛国的奇特完全超出常识，会感到不可思议，甚至难以信受。"白话解"的受众当然大都并非深于佛学者，然而作者并没有回避那些与世俗常识不一致的内容，因为他深知《阿弥陀经》中的佛国胜景所示的是先觉者功德圆满的果报，亦即佛教实践逻辑的应然与必然，它启迪着人们因信仰而敞开其实践生命，并使之有无限拓展的可能性。而就信仰者言，西方佛国的殊胜也正是其美好的愿景。也因此作者不刻意去考虑修辞策略，依然严格按佛教的知识体系来解释其中的名相，不讨巧，不迎合，纯粹而又坚定；唯一的随缘变通，就是用白话形式作为方便，而方便的目的，也正是为了使受众便于接受经典的精义。

站在佛教角度看，这本得到近代高僧印光大师肯定并推荐的著作，其表达方式的纯佛教化，内容的合法（佛）理化，在在彰显了佛教自我存在的理由与价值指向，这对于一位弘法者而言，本来平常，但放在近代以来科学主义当令的大背景下看，如果没有信仰的坚定与知见的精到，那实在是很难做到的。有幸的是，这本"白话解"，与江味农居士的《金刚经讲义》，在当时即被视为民国居士讲（解）经著作的双璧，并一版再版，其受欢迎的程度，已足以说明问题。而如果我们超越信与不信那种简单的价值分判，扩大到更广泛的文化层面，从诸如宗教现象学、宗教社会学、知识社会学等角度去理解把握佛教信仰系统及其知识谱系的特点，那么，像"白话解"这类著作，对于以宗教为核心的多学科研究，无疑也是一类相当有价值的文本。这也就是说，民国佛教界这类讲经弘法著作，它所提供给我们的信息是多重的，即从这个层面上讲，也足以作为一种经典传世。

从以上对文本的述介中，读者或已能看出，民国佛学非依他起的特质，其表征，首先体现在表述形式，即语言的表达上。

我们知道，语言是思想的载体，语言表达思维；但同时，语言也影响思维，甚至能决定思维的方式。而思维方式的改变，会对一个人，乃至整个社会的发展方向发生影响，虽然这个过程可能是缓慢的。换言之，人既是通过语言来理解、认识世界，又是藉着语言来解释、建构世界，并在语言建构的世界中安顿。因此，海德格尔说"语言是存在之家"（《关于人道主义的书信》），伽达默尔更是把人定义为具有语言的存在；顺着这一理路，西方现代语言学明确将语言定性为具有"思想本体性"。这些提法都相当深刻，对于我们理解民国佛教非依他起阐述的必要性与合理性也很有启发。

虽然，在究竟的层面上，佛教认为，语言的基本属性是"假名"，是一种"性空"之有，并不具有本体的性质。但佛教因世间而有，在世间层面上，佛教主要还是依靠文字语言的方便来建立并开展整个教法。这是因为，全部佛陀的经教，最终都是由文字语言才得以保存。其次，以手指月，后来的学佛者，因有佛法教理的指示、引领，才能有效地去探究、体认佛法的理体。复次，佛教在世间的开展，文字语言也是历代高僧大德弘教传道的主要工具。总而言之，千百年来，佛教正是在这样的因应发展过程中，形成了一套稳定的话语体系。而佛教正是有了这套稳定且又体系宏大的的言语系统，使其成为一个世界大教，使其能有效地摄受众生。

应该说，每一种文化，都有自身的言语系统，从而使其在与其他文化部类相处中,具有独立的地位与存在价值。同理,佛教如果丢失了自己的一套话语系统,不要说佛教在世间的开展无法进行,甚至不能成其为佛教了。此所以,如历史上像道安大师对格义佛教的批评,鸠摩罗什大师、玄奘大师等高僧对寻求最佳佛经翻译语言的实践探索,如此等等,无一不是为建立佛教自己的言语体系所进行的努力。而出现在民国高僧大德身上那种非依他起的弘教风格,同样具有这样的意义与性质。需要指出的是,这种非依他起的弘教实践,也确实是成功的。试看新文化运动以来,作为中国传统文化重要组成部分的佛教,相比其他传统文化,其稳定性明显高了许多,其很大一部分原因就是传统佛教的那一套话语体系基本上还得以保持着一种稳定态势,即始终以"内在性"的话语谈论佛教有关明心见性、生死解脱的核心问题。这一点,只要稍稍考察一下台湾佛教的情况,就能得到说明。因此,如何维护或建立一套能真正体现自身价值系统的话语体系,如何保持语言的净化与纯化,应是关乎佛教乃至其他文化生存与发展的重大问题,颇值得我们去探索、深思。

罗　颢

目录

释　经

释经 1

悬　论

一　缘起

甲　近人学佛注重现生应用

人生在世之大事，莫过生之与死，而最难解决之问题，亦唯生死而已矣。是以诸佛兴世，无非将自己所证知的如何解决生死问题之经验与方法，宣扬开示，使一切众生依之实行，而得解决人生最难解决的生死问题。如释迦世尊之降生为娑婆教主，应此界之机，示现成佛说法等事；其所为之目的，即使吾人由之而对生与死之问题获得相当的或究竟的解决办法。故吾人称释迦为本师，通常皆目之为"三界导师，四生慈父"，凡佛弟子，皆奉为根本之师，亦以现今世上所流传之佛法，皆导源于释迦佛也。但中国诸大丛林之大雄宝殿中皆供三佛：中供释迦，其左右兼供药师与弥陀者，正显释迦在此界为主中主，药师、弥陀为主中宾。主中主者，乃如如不动之无为妙体，虽无为而无不为，一切诸法莫不依止此，一切作为咸皆归向此，故能达生死本空而究竟解脱者，即为主中主而更不须他求。然对世界众生之未了生死者，从如如不二之妙体中，开出药师与弥陀之两大法门：将济生之事，付与东方之药师；度死之事，付与西方之弥陀。盖东方位四方之首，居四季之春，生长万物，故资生延寿之事属之。西方位四方之三，居四季之秋，万象萧条，故救死度亡事属之。是知药师、弥陀，乃从此界释尊全体所起之大用，虽有消灾度亡之别，摄用归体，咸不外乎无为而无所不为之释迦佛；而体用别论，亦不妨列有三佛也。中国自唐宋以来，于佛法注重救度亡灵或临终往生，偏向弥陀法门，故以弥陀法门最极弘盛。中国人有不知释迦与药师之名者，而弥陀则人人皆知；可见唐宋后之中国佛教，遍于度亡方面，信而有征矣。由此之故，社会人民往往有认佛教为度死人之所用，死后方觉需要，而非人生之所须，是甚昧于佛教之全体大用。近年以来，佛教渐普及于中国现社会各界人士中，种种经营建立佛教之团体，且依之修学者，不乏其人。尤其注重于应用到现代社会之新佛教精神，如办佛教孤儿院、义务学校、施医所等社会公益事业，改善家庭社会之生活，使一般人于现生中得佛法之益。过去偏重于荐魂度鬼之佛教，已一变而为资养现实人生之佛教矣。然此资生之佛教，即为释迦付托与药师之法门，而说明在此经中者。此于过去专重度亡之佛教，有补偏救弊之功能，尤合于现代人类生活相资相养之关系，故今有讲此经之需要。但人生依是药师、弥陀两佛，对于生死两事虽得相当办法，然究竟办法，仍在直达如如不动之主中主释迦佛；此即真如法界，人人本具，各各不无之天真佛也。若能契会于如如理，则真如境内本无生佛假名，平等慧中何有自他形相！涅槃生死，等同空花，是则第一义谛中尚觅生死了不可得，何有生死大事之欲待解决耶！良以无始不觉，飘堕于如梦幻泡影之生死海中，旋转无已，此诸佛所以出世，佛教所由建立也。由是而体达生死本空，了不可得，固毋须向外他求。若或生存之欲求未尽，则须仗药师法门而消灾除难，成就福寿，即此人生可得无上利乐。如由父母妻子之相资相生，即成家族；由各个家族相助相养，即成社会；由维持社会秩序，即成国家；乃至诸国互济相资，即成全人类世界。不但此也,即宇宙间之形形色色,动物植物,皆有相生相养相资相成之关系,而构成有情与器世间也。

复次,世界既有成住坏空,则众生栖息其中,亦有生老病死,死生生死,生死流转,故无生而不死或死而不生者。所谓"死者乃生之始,生者乃死之终";此正明生死不断。而生时即有父母、妻子、朋友、家族、社会种种关系,若能依此消灾延寿之法门,作种种资生之事业,则生之问题解决矣;然死后须随善恶业因,升沉于天上、人间、鬼、畜、地狱,若依出世三乘教法修行,即得超越轮回六趣;或依弥陀法门而得生净土,则死之问题解决矣。故人生时则有相资相生之关系,依佛教法,得消灾延寿之益;临命终时,则转生善道,或往生净土,乃至六亲眷属广作佛事,水陆空行超度亡灵;而人世之生死两大事均有办法矣。故于释迦佛法中,济生之事,须藉此经;度死之事,乃属《弥陀》等经。今欲将唐宋以来偏重度亡之佛教,变为适应今日现实人生之佛教,以逗近人学佛注重现生应用之机宜,乃提倡讲演此经之第一因缘也。

乙　中国名东震旦土即为东方世界

药师佛所住之东方琉璃世界,乃以此娑婆世界为标准而言。谓从此界东去经十万殑伽沙——恒河沙——世界，有一国土，名净琉璃，其佛名药师琉璃光。此以佛眼视之，十万殑伽沙世界外之世界，亦犹吾人视法堂前之舍利殿耳。而在凡夫观来，渺渺茫茫，不可捉摸，非特想象不能及，即言说文字亦莫能到，入于不可思议矣。但依佛法而随顺凡夫心量，不妨将广大之事，缩小而说：假如以释迦佛降生之中印度当为娑婆世界，则从中印度经东印度及诸小国，而至东震旦土——亦译支那、震丹。震旦者，八卦东方曰震，东方日出曰旦，皆符万物生长义——则东震旦土即可视同东方琉璃世界也。不但此也，即此世界人类之思想、文化、道德观之，吾人所居之东震旦土，亦与东方琉璃世界之药师法门相符。盖吾中国之思想文化，如孔、孟、老、庄等学说，及尧、舜、汤、武、周公等古圣先贤，皆重于人生道德之修养，修身、齐家、治国、平天下等，皆现生之事。若由中印度而西之天方、犹太、埃及、希腊、罗马等古国视之，就其所倡之摩西、基督、回回等教，说世界人类为上帝所创造，人生在世无别事，只求死后回复到上帝之天国，故其对现实人生更不求办法，唯一之目的，在求上帝哀怜早生天国，故皆偏重于死事。由此将范围缩小观之，以中印度为娑婆，由中印度而东震旦土，宛然东方之药师琉璃世界也。且其注重资生事业，尤皆与药师净土极相符合；中印度而西至犹太、罗马等，偏于度死之事，正近似于西方极乐世界之往生法门。由是观之，今东方中华民族之东震旦国，其民族性，及古圣先贤之道德文化，皆与琉璃世界之药师法门相宜，乃提倡讲演此经之第二因缘也。

丙　依药师琉璃世界建立新中国及人间净土

依据前两义以合明之，谓此《药师经》中，释迦佛说东方有琉璃世界，其世界有药师琉璃光如来，其世界如何严饰，其佛因地时如何发大愿利乐有情而得此报，乃至于中有日光、月光等菩萨住其中。若近摄之为东震旦土，即可视为现今中国人民之理想国。如何实现此理想国？到佛教中所谓："三界唯心，万法唯识。"依吾人心理中所想象之琉璃世界为模型，如工程师之先有计划图样，依之而施建筑工作，则此东震旦土亦即可成为琉璃世界。故愿吾国人民，应以琉璃世界为理想国，定为趋向之标准，依药师之本愿而发愿，使将来世界如何庄严集修众行，则因圆果满，琉璃世界实现匪遥矣。再推广言之，以今世交通所及之地球人类，概依药师如来如何发愿修行而成琉璃世界之方法行之，则人类之理想世界，亦不无实现之希望也。故今日之学佛者,应将药师如来如何发愿修行之方法牢记于心! 孤掌难鸣,众擎易举,集众人之力量,方可转此污浊娑婆为清净琉璃也。以今日重重困陷于水深火热中之中华人民,尤宜急依此法以求安全之出路。即今全世界人类,斗争炽然,人命朝不保夕,亦唯依此药师消灾延生之法,乃能转祸为福。则提倡讲演此经之第三因缘也。

依此《药师经》而作延生法事,虽尚流行于中国,然能讲解修行者,则如凤毛麟角。就吾数十年足迹之所至处,皆未遇见讲习此经者。今能于此释迦如来舍利道场之阿育王寺宣讲此经,亦诚为现代佛教中极可纪念之盛事也!

二 释名题

甲 分释

1. 药师 药师者,即吾人日常所诵之消灾延寿药师佛。药师,乃梵音"鞞杀社窭噜"之义译,亦可称为大医王佛。所谓佛为无上医王,拔除众苦,善疗诸病,故以药师为喻。药乃世间治病之物,例如药店中所陈列之药品。但以佛法言之,不惟人于得病时方吃药,凡世界众生无时不浸在惑业苦之病中，身心充满诸病。若身病，则有世俗药物可治；若心病，则须以法药对治之。在药之意义上说，药是治病之物，若无病则非药，故从无病非药之反面，而显有种种治病之药。然亦不外两种：一、治身病之药物，二、治心病之法药。

物药者，即世间治身病之药。中国自神农尝百草制药以来，为物药之发源。但物药非唯草木等植物，即金土炭石等矿物，飞禽走兽等动物，皆为制药之原料。吾人试检店中所制之药，其要素原料皆不外乎此矿物、植物、动物之三种。但依药病之本义言之，则唯病时为病，药时为药，此属狭义。若广义言之，则寒而需衣，饿而需食，倦而需住，困而需行，乃至旅行惫倦以舟车代步，睡眠来时以床座歇息；此饥、寒、困、倦等无非是病，此衣、食、住、行等无非是药。总之，人生之有需要，无非是病；所需要者，无非是药。故众生充满诸病，宇宙万物莫非药也。此以普贤菩萨与善财童子之一段问答因缘，更可显明药与非药之义意：一日，普贤命善财入山采药，凡能为药之草木，皆可采来。而善财踏遍山岩，徒手而归。询之，则言满山皆药，无从采起。普贤又命入山，将非药者采来。善财依然空手而归。再诘之，则见满山，又皆非药，亦无从采起也。此其从是药之心视之，故满山皆药；从非药之意看之，故满山皆非药。是知药与非药,全在医生之得当与否,得当则砒霜亦可为药,不得当则人参亦能死人。故从广义言药,虽宇宙万物皆可为药之原料;若不经医生配制,矿植等物又皆非药。药须经医生制方配成,方可治病。又药中复有丸、散、膏、丹等已制成之药,此即所谓"祖传秘方","配时虽无人识,良心自有天知",随时可以治病者。综上而知物药不外三种:即有矿、植、动物等为药之原料;以之有按方制配之药;有丸、散、膏、丹等已成之药。

法药亦有三种:一、经律论,二、五乘、三乘、一乘,三、陀罗尼。佛依众生而施设经律,皆为对治众生身心之病。众生堕无明惑,得业报身,充满诸病,佛说诸经、诸律广为医治;乃至菩萨、声闻结集经律,造论申义,真理重重,法门无边,取之不尽,用之不竭,亦犹充满宇宙间之矿植等物,皆为药之原料。虽然,众生有八万四千病,佛说八万四千法门,对机施药,方能治病,故有五乘、三乘、一乘之教法。五乘:即人乘、天乘、声闻乘、缘觉乘、菩萨乘。为人乘,则施五戒、十善之法,对治五逆、十恶之病;为天乘则施四禅、八定等法,对治散心位中诸病。此两为出世三乘之基础,是必经之阶梯,故亦说为五乘共法。推而上之,复说出世三乘共法,使声闻、缘觉,依四谛、十二因缘等教法,灭除三毒烦恼,解脱生死病苦。声闻等所行四谛等法,虽属二乘,而为大乘之所共行,故亦曰三乘共法。又为一类发菩提心修大乘行之机,遂直施一乘不共之教。佛对众生之根性差别,而施五乘、三乘、一乘之法药,亦犹世俗医师,对病人而制方配药也。陀罗尼者,此云总持,总持无量教法;亦云遮持,遮一切恶病持一切善法。此能治一切病,亦犹物药中之丸、散、膏、丹为祖传秘方,不可示人。盖总持咒语,义不可解,且亦无须推寻其义;若能依之修持,身密结印,口密持咒,意密观想,三密相应,便得遂愿所求,解除生死,消灭过患,得大妙用。如此经中之药师咒,若能依之诵持,亦可消灾获福,有起死回生之功效也。综上药与非药,列表于下:

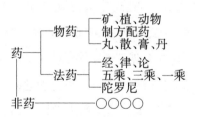

师者,正显其能以物药、法药善治众生身心之病,谓之为师。古谓药师,义兼医师。前明矿植动物之物药,与经律论之法药,皆须得师调制,方可为药;若无师,药亦无。唐黄檗禅师所谓："大唐国里无禅师。"复言："不是无禅、乃是无师。"故以师为最要。世俗如神农、扁鹊等以物药治身病，即为物药之师；佛以种种法药善治众生之病，故为法药之师。地上菩萨对地前人言，亦称药师，而对佛言，亦为病人，盖微细无明未尽，犹须佛之法药治故。地前菩萨对二乘、人、天言之，亦称药师，而对地上菩萨言，亦为病人。乃至人天对邪外众生言，亦称少分药师，但推而上之，实是病人也。唯邪外众生，但属病人而非药师。又九界凡圣，皆为病人，唯佛界乃为究竟无上之药师也。若从非师边言之，则邪外、人天等皆为非师，二乘、菩萨少分属非师，唯佛不在非师中摄。又佛之法身，遍一切处，随物应生，神变莫测。而自受用身，住佛自果功德。现他受用，应地上机，为地上师。现大化佛，应地前机，为地前师；现小化佛，应二乘、人天之机而为师；现随化佛，应人天及邪外之机而为师；是故唯佛一人，乃为究竟药师。今复以表明之：

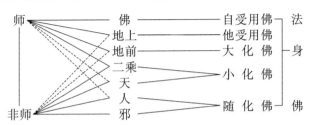

2. **琉璃光** 琉璃光者,合梵华方言,梵音为"薜琉璃钵拉婆喝啰阇也"。琉璃,具云薜琉璃,或吠琉璃。平常闻见琉璃两字,即想到大殿中悬于佛前之琉璃灯的体质,其实不然。琉璃乃顺梵音薜琉璃相近而译,其义为青色宝,——即宝石中之蔚蓝色者。宝石即同宝玉,其体透明,如天青之色,有晶莹之质,表里洞彻,内外相映;所谓琉璃光者,即此天青宝中所含之净光。其为相也,如万里无云蔚蓝深青之天空,充满杲日光辉,由光明清净故,更显其高远蔚蓝,由高远蔚蓝故,更显其光明清净,可以仿佛似之。此无云无障之清空,即显绝言绝相之如如第一义空;于此如如第一义空中,充满般若之如如无分别智光,由般若无分别智照第一义空之境,同时由如如境而显如如之智,境智如如不二,即是青色宝光之琉璃光也。又四宝所成之须弥山,其覆于吾人所居南阎浮提之上者,即吠琉璃宝,吾人对高日丽天迥无云翳障隔之晴空,即为吠琉璃宝所放之青色宝光。此显离垢真如,或出障圆明之如来藏。盖由天空一切障翳净尽,所显洁无瑕疵之吠琉璃宝光,亦犹以般若无分别智,扫空无明惑染而照耀真如法界如来藏性也。复次,此琉璃光义,与今日中华人民所欲实现之理想目标,亦极相符:盖孙中山先生以青天白日为建立中华民国之国旗,此青天即琉璃宝,白日为琉璃宝充满之净光。佛陀说法,无不契理契机,此琉璃光尤深契第一义空境智如如之理性,与中华民族建立民国之机宜也。

3. 如来　如来者,可综上药师与琉璃光两义而显之:如,即琉璃光;来,即药师。如即琉璃光者,不变不异谓之如;无二无分别,遍一切处,尽未来际谓之如。谓如如智契如如理,如如理冥如如智,理智泯合,故曰如如;亦即根本无分别智,证于根本无分别之真如妙性。此真如妙性,地前三贤、二乘未证,地上菩萨分证,唯十方诸佛究竟明证,犹吠琉璃宝光之纯净圆明也。来即药师者,诸佛契证真如妙性,自他平等,不可思议。但以十方众生,迷而不觉,妄想颠倒,未能证得。为欲令除颠倒之妄想,拨无明云雾而见佛日丽天,乃由大悲愿力,从真如性中来示成佛,应病施药,教化众生,此非来即药师乎! 如来之梵音为"呾他揭多";亦即余经"多陀阿伽陀,阿罗诃,三藐三佛陀"中之"多陀阿伽陀"。总之,约证真如妙性,皆属于如;在现身说法教化众生之来去生灭行住坐卧等仪相,皆以来义摄之。故如来者,来即非来,非来而来。自其来义观之,若行、若住、若坐、若卧等,皆即如而来;自其如义观之,若行、若住、若坐、若卧等,皆即来而如。故不于行住坐卧等中见如来，亦不离行住坐卧等中见如来，《金刚经》所谓"如来者，无所从来，亦无所去，诸法如义，名为如来"也。

4. **本愿功德**　药师果上所成之功德庄严，皆出本因地中行菩萨道时所发之大愿；由此本因地中所发大愿而成果德庄严，故名本愿。但诸佛菩萨因地所发之愿，有通有别：通愿者，即"众生无边誓愿度，烦恼无尽誓愿断，法门无量誓愿学，佛道无上誓愿成"之四弘誓愿；亦可加"福智无边誓愿集"为五愿。然此第五愿已在第四"佛道无上誓愿成"中摄尽，盖所成之佛道，即福智两足尊也，故毋须再立第五之愿。此为十方诸佛菩萨所发之通愿。其于通愿中各有别愿者，即如弥陀之有四十八愿，药师之有十二大愿，乃至其余诸佛所发之八愿四愿等，皆为别愿。而诸佛菩萨所发通别之愿虽无量无边，不妨弥陀以四十八愿为本，药师以十二大大愿为本，乃至一一佛各有其根本愿，以摄其余诸愿为枝叶，故本愿又即根本愿也。所谓发愿者，即普通所谓立志，志既立定，则抱有志者事竟成之决心，虽赴汤蹈火亦所不辞，以达到其目的为止。如普通人入学校、进教会等，亦须立志愿书，方能允可。志之所在，为成功建业之本因，故立志愿者，诚人生先决之问题也。诸佛菩萨因地发愿，亦复如是，誓愿既定，虽经艰难困苦而必具不屈不挠之牺牲精神,实现其所志之目的。但其所以与普通立志不同者,以诸佛菩萨因地中发上求佛智、下化迷情之愿,皆从清净心中出发。谓由五遍行中思心所,五别境中欲心所、胜解心所、慧心所,十一善中信心所等以成,非但别境之欲也。又称为誓愿者,誓为誓约,正明志愿既立,复以誓约束,则非志愿完成不可。故平常所谓人之患者,患不立志,若志既立,必定成功。今菩萨既立众生无边誓愿度等志愿,虽经若干波折违碍,亦必有达到目的之一日。如江河百川之水,虽经山丘土石之阻而终汇于海,所谓"溪涧岂能留得住,终归大海作波涛"也。故自诸佛菩萨之通愿观之,其所发誓愿无量无边,而本此誓愿修行所证之果,其施设普济群生之法门,亦无尽无滞也。自其愿上之誓以观之,例如弥陀之愿成佛时,名称普闻,若闻我名皆得往生,若不得成,誓不成佛;则今日弥陀既已成佛,其所誓亦必成矣。又如水陆仪轨上每有"惟愿不违本誓",此不违本誓,为保持人格信誉之要素,若违背本因誓愿,则即为自欺矣。即如中国古来之圣贤,凡有所为,务必躬行实践,成其志行。故学佛者,亦须先发誓愿,范围自己,督促自己,鞭策自己也。

复次,虽有本愿,必藉功行圆满,方使其本愿之得遂。如发众生无边誓愿度等四弘誓,则须修六度、四摄等诸胜行,功成果圆,方能实现众生无边誓愿度之理想;若无功行,有愿徒然! 故平常谓发菩提心,修菩萨行:此菩提心,即上求佛道、下化众生之心;此菩萨行,即四摄六度等万行。四摄者:布施、爱语、利行、同事。六度者,布施、持戒、忍辱、精进、禅定、智慧。必藉此等功行圆满,方得果位庄严妙用,是即所谓功德也。功德,谓功家之德;但有功所显德,与功所生德:所显德者,即无为性德,如如本具,但因妄想执著覆蔽而不能彰显,若修六度等功行圆满,扫荡无明障翳,即显于本然性德也。所生德者,即如修六度万行,由布施故,得种种法财珍宝,乃至由禅定故得种种自在妙用。故由功行有所显德,亦由功行有所生德;而此两德,咸由本因地誓愿所起功行而成就者。故药师琉璃光如来之依正庄严果德,亦由因地本愿策发功行以圆满焉。

5. 经 梵语修多罗,或素怛缆,此翻为经;直译其义为线。如布帛须经纬线而织成,散乱之花,线能贯穿;正喻法界诸法,生佛平等,不增不减,而众生迷故散乱忘失,不成体系,诸佛如证而说故,如握网之纲,贯穿而显现也。又,修多罗广则总包一切经典,狭则唯局十二部中修多罗部之直说者。

又，佛时藉音言以闻法，初无写本，佛后由众弟子之结集，贯穿佛语，犹线串花而成经本也。经在中国训常，训法。盖古圣先贤之言教，足令万世奉为圭臬，而四海效作模范者，则谓之经；此与佛之修多罗相当，故译为经。又译契经，有契理、契机两义：契理者，佛之说法，皆与真理契合，为实相印与三法印印定，方可称经；否则，说同魔外。契机者，佛所说法为使众生开示悟入佛之知见；若不能悟他，等于废话，故须契机方得其用也。

　　乙　合释

　　1. 药师琉璃光　药师琉璃光，正是此佛之别号；虽是别号，而此药师琉璃光，亦正为一切佛及菩萨共证共修之悲智。由大悲心故，倒驾慈航，应病施药，而为大药师，度无明颠倒之众生，出生死险恶之苦海，故成其为大悲药师。但独悲不能成事，须藉琉璃光之无分别妙智，方可成满因中不思议之本愿，而发生不思议之德用。由不思议之大悲，起无分别之妙智，由无分别之妙智，成不思议之大悲，则药师琉璃光之义彰矣。此以药师与琉璃光为并列之悲与智，即六合释中之相违释；若药师之琉璃光，即依主释；若药师即琉璃光，亦持业释。

2. 药师琉璃光如来　药师琉璃光如来者,药师琉璃光,为此佛别名;如来,为诸佛之通号。其能有被称为如来之资格者,皆已五住究尽,二死永亡,位登妙觉极果,化被九界群机者。而此药师琉璃光,于诸佛自觉觉他之本领,应具尽具,故亦称为如来。但药师琉璃光为别义,如来为通义,摄通就别,依别名通,故今言药师琉璃光之如来,乃依主释也。

3. 药师琉璃光如来之本愿功德　药师琉璃光如来之本愿功德者,正显此经乃说药师之本愿功德者;谓本因地中所发之誓愿而成果位之万德庄严,此亦为六合中之依主释。故经中文句,可合可分,分则每一文句各自独立,以表其义;合则如线串珠,可贯穿摄持也。

4. 药师琉璃光如来本愿功德之经　药师琉璃光如来本愿功德之经者,此以能诠之言教为经,所诠之义理,为药师琉璃光如来本愿功德。所诠义别,唯局此经;能诠教通,通于经律论三藏中之经藏;依别名通,依主释也。若从广义言之,一切诸佛之教理行果,皆名为经;故此所说药师佛之义理行果,亦即是经。如此,则药师琉璃光如来本愿功德即经,亦持业释,故曰《药师琉璃光如来本愿功德经》。

三　稽译史

此稽译史，即考此经译来之历史。佛经皆须考其译史者，明其来源，方可证信。中国之佛经皆出翻译，因佛降生于中天竺，当时以音声说法，原无经典，后经弟子结集，始有梵本文字。又印度文字，亦极复杂，而其古来最通用者，厥唯梵文，故中国经典，多译自梵文。但亦有其他文字，如南方之巴利文等。故中国之经典，有自梵文译来，有自巴利文译来；而大乘经典，多译自梵文。亦有从印度先传丘慈、于阗等国，而间接译来中国者，由梵语而成华言。但此经在中国曾经五译，今此流行本言唐三藏法师玄奘奉诏译，正为五译中之第四译。今略明五译之概史于下：

甲、晋帛尸梨密多罗译　在六朝之初，东晋之时，有西域三藏名帛尸梨密多罗者，此云吉友，——善友之义——初翻此经，名佛说灌顶拔除过罪生死得度经。但无独立本，乃附于佛说灌顶大神咒经中。此经古有十二卷，今在"清藏"合订六卷，而属于最后一卷。此帛尸梨密多罗三藏，为中国密宗经典初翻之人。普通谓密典至唐善无畏、金刚智、不空等时始有，其实唐前已有；如《大灌顶神咒经》、《大孔雀王经》等，皆属密部。又谓唐前为杂密，言其未成系统，但此为唐人言论；其实，东晋吉友等翻《大灌顶》等经，亦为中国密典之丛书；而此师为中国唐前之极重密宗者，亦见其所从来之西域，其时密部已极流行。故翻译时，将此《药师经》，亦摄入《大灌顶神咒经》之最后品。故此《大灌顶经》，亦犹《大宝积经》之糅集多经而成，在此师译附于《大灌顶经观》之，固视为密宗之经典也。

乙、宋慧简译 此在东晋后，南北朝之刘宋孝武帝时代，有慧简法师，在鹿野寺再翻此经，名《药师琉璃光经》，今藏经中已佚此本。但古大藏目录中，尚载其名。又在达磨笈多第三译之序文上，亦叙述其事，故信有此译也。

丙、隋达磨笈多译 在六朝之末，隋文帝大业十一年时，达磨笈多复翻此经。达磨译法，笈多译行，即法行三藏所译。法行为主译，尚有余人为助译，故其经上表法行等译。名《佛说药师如来本愿经》。序因慧简之译，于梵文、华文未善，故作第三译云。

丁、唐玄奘译 今本题唐三藏法师玄奘奉诏译，即此第四译是。玄奘三藏于唐太宗贞观初年间，因感经典义理残舛，发愿入印求法，所谓策杖西游，周历诸国，居印度十七年，遍学大小乘教典,至贞观二十年外,重回中原,从事译经。在中国译经史上,翻译最多,亦最正确。今此《药师琉璃光如来本愿功德经》,即其所译。玄奘其名,三藏法师乃所称之德号;以其能通彻经律论三藏之法,依此为师,且能将三藏法广为宣扬为人天之师,故名三藏法师。其译经历唐太宗、唐高宗两朝。奉诏译者,即奉太宗或高宗之诏,建立译场。其翻译时,有度语者,笔受者,证义者,润文者多人,而以唐三藏为主,故标以斯名耳。

　　戊、唐义净译　　自唐太宗后,经过唐高宗,至武则天朝,约在玄奘三藏后二三十年间,有义净法师者,踵法显之芳躅,慕玄奘之高风,遍游印度,归而复译此经,名曰《药师琉璃光七佛本愿功德经》。然玄奘既译此经,义净何须再译?其所以重译者,药师佛虽与奘译相同,而余六佛,则为奘译所无,故须重译。其译本今在藏中,上下两卷,七佛本事,备述其中。总观其全文,初亦由曼殊室利菩萨,请佛说诸佛名号本愿功德,释迦佛乃告曼殊室利:东方去此,过四殑伽河沙佛土,有世界名曰无胜,佛号善名称吉祥王如来,彼佛国土,清净庄严,乃至初发心时,发八大愿等;此为第一大段之文。复告曼殊室利:东方去此,过五殑伽河沙佛土,有世界名妙宝,佛号宝月智严光音自在王如来,乃至彼佛初发心行菩萨道时,亦发八大愿等;此为第二大段之文。复告曼殊:东方去此,过六殑伽河沙佛土,有世界名圆满香积,佛号金色宝光妙行成就如来,乃至彼佛初发心时,发四大愿,及见众生苦恼,为除业障,即说神咒等;此为第三大段之文。复告曼殊:从此东去,过七殑伽河沙佛土,有世界名无忧,佛号无忧最胜吉祥如来,乃至彼佛世尊,行菩萨道时,发四大愿等;此为第四大段之文。复告曼殊:从此东去,过八殑伽河沙佛土,有世界名法幢,佛号法海雷音如来,乃至彼佛行菩萨道时,发四大愿等;此为第五大段之文。复告曼殊:东方去此,过九殑伽河沙佛土,有世界名善住宝海,佛号法海胜慧游戏神通如来,乃至彼佛行菩萨道时,亦发四大愿等;此为第六大段之文。以上六佛,初二佛各发八愿;后四佛,各发四愿;此总为卷上之文。其卷下之文,即从此娑婆东去,过十殑伽河沙佛土,有世界名净琉璃,佛号药师琉璃光如来,从初发心,即发十二大愿,且有咒语,皆与今本相同;惟药师佛说咒后之经文,较今本稍异。今本咒后之文,明闻药师佛名所获之利益,而彼则皆明闻七佛名号之利益,此其不同一也。又彼于药叉神将,闻七佛名号已,发愿卫护是法。时诸天人之众,有疑惑不信者,佛知彼等心念,即入惊召一切如来甚深妙定,十方世界六种震动,七佛应召来会证盟其事,为今本所无,此其不同二也。复次,七佛既来,即异口同声,说大神咒,其咒名如来定力琉璃光,亦为今本所无,此其不同三也。其后,执金刚菩萨与释梵四天,复说一咒,亦为今本所无,此其不同四也。最后执金刚菩萨复说一咒,又为今本所无,此其不同五也。是故彼经共有五咒:即初、香积佛说除业障咒;二、药师佛说消灾咒;三、七佛说咒;四、执金刚与释梵四天说咒;五、执金刚说咒是也。今大清《龙藏》中,尚有番字《药师七佛本愿功德经》,考其文义,与义净所译相同。昔人认作梵文,实为西藏文本,此谙藏文者一见即知也。此西藏番字本,亦译自印度梵文,故与义净之译相同,今存藏中,即在净译之下。今听讲所用民国十一年之宁波版本,其说咒语,与旧本不同者,即自番本中录出。以其误认番本为梵文,故抄录之,然实非梵文也。如以"薄伽筏帝"为"八葛瓦帝"等,与西藏音相近,是其明证。又奘译无咒,其咒乃自净译中添入,而义净译自梵文,故知今所诵之咒,乃唐译梵音。如上所言五译之同异,其药师佛之文旨大同,而与七佛详略差别。又中三译无咒,前后二译有咒,复加西藏之番字本;此为本经译传中国之略史。由是观之,初帛尸梨密多罗所译有咒,且属大灌顶经之一品,则此经属于密部。自第二、第三、第四,三译观之,既无咒语,复无说咒之文,则此经即近于净土经典。迄至义净之译,前后五咒,则此经又属密部无疑矣。由此五译之相异,亦可窥见佛教流行变迁史之一斑。盖帛尸梨密多罗来自西域,想其时西域密教已甚盛矣,而在印度、中国则未极流行。以宋、隋及唐玄奘时,印度中国皆大乘性相,法幢高建,故其译此近净土经也。及义净时,印度密教复盛,故其译时多添咒语,则此复属密部焉。此在佛经翻译史上,佛教因各处地域之异,各时趋势之别,亦随之而变易,然吾人亦正由是而可知佛教变迁之历史与情势矣。由上说来,知今诵讲之流通版本,非全出玄奘所译,其咒乃从义净译本增入;即文句亦间参糅净译,故今本可说奘净二译之合订本。且民十一年之宁波版本,尚误刊"厌"、"魇"等数字,及在观世音菩萨等名上,增添南无二字,较诸旧流通本,不无出入。此乃总稽本经译史之概要也。

四　提纲要

未讲经文之义,先提纲要者,如网得纲万目皆彰,如衣提领全襟齐直。闻者能握得此宗要,则全经文义,自可了然。通常解释经题,如天台之五重玄义,贤首之十重玄谈等,今在此经之释名题,考译史,提纲要亦可摄之。盖隋唐前诸德开讲玄要,本无固定的呆板方式,亦不斤斤乎五重或十重。其讲解时,每就各经之所宜,悬谈大义,今提纲要等,亦与其理相合也。此经之总纲,可作两大段观:一、智示药师依正行果,二、悲济像法转时有情。

甲 智示药师依正行果

此经之纲宗,可由曼殊与佛之问答中显示。如《金刚经》须菩提问佛:"云何应住?云何降伏其心?"由此两大问题,引起佛之解答,已将《金刚经》纲宗,昭然如揭。本经云:"尔时曼殊室利法王子,承佛威神,从座而起,偏袒一肩,右膝着地,向薄伽梵曲躬合掌,白言:'世尊!惟愿演如是相类,诸佛名号,及本大愿,殊胜功德。'"此以曼殊之大智上求佛道,故作此问。由此问故,佛说药师佛之名号国土,及其本因地中行菩萨道时所发十二大愿,与夫果德圆成之依正庄严。此一大段文义,为本经上半部之纲要,亦即"药师琉璃光如来本愿功德"之所由立名也。

乙　悲济像法转时有情

曼殊之问,含有两义,初以大智感佛说药师本愿行果功德。次曰:"令诸闻者,业障消除,为欲利益像法转时诸有情故。"此由曼殊之大悲下济有情,故发斯问,感佛说药师本愿功德,使诸问者得大法益,拔除业障,消灾安乐。此皆由曼殊之大悲心所驱使而发问,故佛赞许言:"曼殊室利! 汝以大悲,劝请我说诸佛名号本愿功德,为拔业障所缠有情,利益安乐,像法转时诸有情故。"故此一大段文,为曼殊大悲恩济像法转时之有情,为本经下半部之纲要。但此大段文中,又可分为两段:一、拔除一切业障,二、十二神将饶益有情。

1　拔除一切业障

(一)如来加被　此言闻说药师名号,本愿功德,依之修习,即可拔除一切业障,得大利益安乐,蒙佛加被,消灾延寿,故此经亦名拔除一切业障得度生死经。但此中亦可分二段言之:一、闻名灭罪往生,二、诵咒除病离苦。

闻名灭罪往生者,即诸愚痴无智众生,阙于信根,生造诸不善业,死招三途极恶之报,但由闻此药师名号本愿经故,使得灭罪往生。如云:"尔时、世尊复告曼殊室利童子言:有诸众生,不识善恶,惟怀贪吝,不知布施及施果报,愚痴无智,阙于信根,多聚财宝,勤加守护,见乞者来,其心不喜,设不获已而行施时,如割身肉,深生痛惜!复有无量悭贪有情,积聚资财,于其自身尚不受用,何况能与父母妻子奴婢作使,及来乞者?彼诸有情,从此命终,生饿鬼界,或傍生趣。由昔人间,曾得暂闻药师琉璃光如来名故,今在恶趣,暂得忆念彼如来名,即于念时从彼处没,还生人中。"此等经文,皆明由闻名灭罪,并得转生善道或往生净土者。

诵咒除病离苦者,上言闻名故蒙佛加被,拔除业障,得生善处。今明若能念诵药师真言,即可消除病苦,延年益寿。如言:"曼殊师利!若见男子女人有病苦者,应当一心,为彼病人,常清净澡漱,或食,或药,或无虫水,咒一百遍,与彼服食,所有病苦悉皆消灭。若有所求,志心念诵,皆得如是,无病延年。命终之后,生彼世界,得不退转,乃至菩提。"此言于此真言若自诵,若教人诵,皆得消灾获福者也。

(二)有情奉持 此言若人信受奉行读诵此经,即得获福免难与救命延寿之两种功德。

获福免难者,若能依教修行,受持此经,即于现实人生,获福免难。如云:"复应念彼如来本愿功德,读诵此经,思惟其义,演说开示,随所乐求一切皆遂:求长寿得长寿,求富饶得富饶,求官位得官位,求男女得男女。"此言读诵此经故,即于现生遂愿所求,获大福利。又云:"或有水、火、刀、毒、悬险,恶象、狮子、虎、狼、熊、罴、毒蛇、恶蝎,蜈蚣、蚰蜒、蚊虻等怖,若能至心忆念彼佛,恭敬供养,一切怖畏皆得解脱。"如是等文,皆言持诵此经,即得免除种种患难也。

救命延寿者,上为佛说消灾周,此乃救脱延寿周。救脱菩萨为利有情故,示现种种延寿之法,使诸有情寿命相续。如救脱菩萨答阿难言"大德!若有病人,欲脱病苦,当为其人,七日七夜受持八分斋戒,应以饮食及余资具,随方所办,供养苾刍僧,昼夜六时礼拜行道,供养彼世尊药师琉璃光如来,读诵此经四十九遍,燃四十九灯。造彼如来形像七躯,一一像前各置七灯,一一灯量大如车轮,乃至四十九日,光明不绝。造五色彩幡,长四十九搩手,应放杂类众生,至四十九日,可得过度危厄之难,不为诸横恶鬼所持。"此为救身病以延身命者;复有救国难以延身命,及救诸难以延诸命等文,皆救命延寿之法也。

2 十二神将饶益有情

此即药叉誓护周。十二药叉神将,因闻佛说此经功德,即发愿于后末世,拥护此经,利乐有情。所谓:"我等今者,蒙佛威力,得闻世尊药师琉璃光如来名号,不复更有恶趣之怖。我等相率,皆同一心,乃至尽形归佛法僧,誓当荷负一切有情,为作义利饶益安乐。"是故此经,亦名十二神将饶益有情经,不无所以也。以法临像季,道高一尺,魔高一丈,行者因魔障故,唐捐其功;故先以曼殊之智悲感佛说法,复得药叉神将拥护是法,诚难事也。昔之讲者,往往将十二神将之文判入流通,实则应归正宗:盖像法转时,荷负是法甚仗药叉神将,饶益有情;况释尊定此经亦名十二药叉神将饶益有情,理宜归属正宗分也。上来所言两大段文,由曼殊之大智,示药师佛之依正行果;复由曼殊之大悲,济渡像法有情;而此悲济像法转时有情文中,复分拔除一切业障与神将饶益有情两段,则此全经之总纲彰矣。

前来释名题,稽译史,提纲要之三科,可为经前之玄谈,但尤重于提纲要。盖提其纲要,则全经段落章句,昭然分晓矣。且菩萨之法,不外上求无上菩提,下济有情诸苦,故遍一切大乘经旨,亦可于此曼殊之问而显之也。又如菩萨造论,意在自利利他,故经论中言其缘起时,皆曰"为正法住世,利乐有情故"。所谓正法,即诸佛菩萨因中所发之誓愿,藉此修行而得证佛果依正庄严;亦使闻者依此修持而得佛果者是。

如此经所明药师因果功德，吾人依此修行，亦可同证。又菩萨不同凡夫自私自利，其一举一动，一言一行，皆以利乐有情为前提，普为众生，方是菩萨发心。故菩萨之行位愈高，其悲愿愈切，末世众生愈苦恼，则菩萨愈显其悲济之能事也。通常所谓"好医门前病人多"，菩萨亦复如是，病苦之众生愈多，愈为其深切悲愿之所关也。复次，像法多魔，不特出世善法不易建立，即世间善法，亦受邪魔外道袭击与觊觎而欲毁灭之。故此经实由诸佛菩萨之悲愿，与夫药叉神将之护持，得以建立世出世间善法于今日，使众生依而修持。自其属净典观之，则为随愿往生修行不退于琉璃净土；自其属密典观之，则可拔除业障消灾延寿于娑婆当人，故此经乃兼具净土、真言、无量法门之功德者矣！

释　经

释　经　1

甲一　叙请分

乙一　叙述证信

丙一　闻时主处

如是我闻：一时，薄伽梵游化诸国，至广严城，住乐音树下。

入文解释，须分段落，方显文义。中国自晋道安法师已来，皆以序、正、流通三科，诠释经文，妙能契合天竺菩萨释经之方式，故千百年来胥依循之。虽三科大旨相同，而名称不妨随宜而异；故今解此经，亦分叙请、正说、流通三分。自如是我闻下，为叙请分；自尔时佛告曼殊室利东方去此下，为正说文；自尔时阿难白佛言世尊当何名此法门下，为流通分。叙请文中，又分通叙与别叙；通叙为证信叙，别叙为缘起叙。今此即证信之叙。此证信叙，古来解释二家不同：一、出龙树大智度论，明六成就：如是、为信成就；我闻、为闻成就；一时、为时成就；薄伽梵、为法主成就；广严城、为住处成就；至下与大苾刍众等，为听众成就。佛经有此六种成就，方可崇信。二、出亲光佛地经论明五种证信，其言如是为指法之词，乃通指此经而言，如言如是之法，为我结集者所亲闻。或如是之法，为当时佛在某处所亲说，而有法会大众之所共听。叙以证信，乃具五重：即一、如是我闻，为亲闻证信；二、一时，为说时证信；三、薄伽梵，为说主证信；四、广严城，为说处证信；五、与大苾刍众等，为听众证信。此二解，虽稍有出入，然其理亦大致相同。今依五重证信讲之。

　　如是二字，集古德之解，有十七种，或二十一种之多。于中亦可作如此说：如者，维摩所谓"一切法皆如也"。诸法缘生无性，当体如如，见此如如真理者为是，不见即不是，故曰如是。又佛说法，契理契机，契理即真为如，契机所宜为是。今解结集者言：如是之经，为我亲闻，非辗转由他而闻，更非由外道天魔等而闻，乃依佛宣扬，为我亲闻。

此言我者，似与佛法常言无我、无人、无众生、无寿者之理相违，其实不然。

以佛法言人法无我，乃无凡夫外道迷执之我，非无假名之我。凡夫众生上自天人，下至鬼畜，皆有俱生我执，恒执此五蕴业报之身为自我。而凡夫中之外道者，更于五蕴身上安起计度分别我执：或计色为我，如言色大我小，我在色中；或色小我大，色在我中。或计受为我，或计想为我，或计行为我，或计识为我。如是等执，过患无量，故佛经说五蕴无我，即破此凡外妄计之我。《金刚经》云："无我相，无人相，无众生相，无寿者相，无法相，亦无非法相。"此之谓也。但五蕴法虽无实我，亦不妨以我为五蕴和合假相之代名词，随俗称谓藉以辨别宾主，以便彼此呼应。如育王寺之名，本无固定之物，乃是由数百亩之山地，数百余之住众，及千百年来之仪轨等，众缘凑合而成之假相而已。故泛常亦称五蕴和合之假相为我，原无实体。今此言我，乃当时结集此经者，对法会大众之自称。但其与凡夫之称我不同，乃为无我之假名我，以内无凡外妄计之执故。《金刚经》所谓"如来说我者,即非是我,是名为我";故此无我之我,纯为对机而称。又有深义者,此无我之我,乃诸法无我理所显之真如实性,此中无自他彼此相,无好恶是非相。结集此经之菩萨,深达此诸法空性而假呼我名耳。

闻者,依字义解,如平常言眼见耳闻等,则为耳根所闻。其实,耳根不能闻,闻者属耳识,不过以根为增上缘,声为所缘缘,识种为亲因缘,三缘和合,方能发识以闻。但耳识闻声时,无文义相,须待同时意识生起,方有文义相现,以成了别音义之用。故此闻之成就,操诸意识。是则由耳根发耳识,由耳识闻声音,由意识了别音义也。但既由根、尘、识三和合而闻,何不言耳等闻,而言我闻耶?然曰耳闻,则通诸耳,不能表现结集菩萨之亲闻;菩萨为举亲闻证信,故云我闻也。

一时者,即举佛说法之时以证信。其不指出某年某月某日某时者,因世界地域不同,年月日时随之而异,故不固定说为某时。如今地球上各国所用之历本,纪载时间,各各相异。即以中国言之,有阴历,有阳历,阴历之初一,非阳历之初一,阳历亦然。又如印度以初一至十五为白月,十六至三十为黑月,而以黑月之十六为初一,亦与中国适得其反。又佛说法,时而天上,时而人间,随众生之知解所见各异,故诸经中,皆不说定其时。今此所指之一时，即佛说此经结集菩萨与法众共听之时也。

薄伽梵者，为举说法主以证信。薄伽梵亦作婆伽婆，译音之异，其义为吉祥王、大威猛、极尊贵等；因其含义甚多，故不翻译。中国译经，有五不翻，此为多含不翻。但亦有翻为世尊者，即经中——如来、应供至天人师、佛、世尊——十号中最后一号。亦有自如来至佛为十号，以世尊为总称佛之德号。盖佛于六凡、三乘世间中最极尊胜，所谓天中天、圣中圣是也。故此薄伽梵，即指佛而言。但佛为诸佛十号之通称，三觉圆，万德具，皆号曰佛；然以此土之教主为释迦佛，故只举一佛字时，即显为此土之释迦佛。若他土诸佛言此佛时，则须置释迦之名，方可区别。然佛佛道同，说此佛世尊，即通说十方诸佛世尊，说此佛法时，即通说十方诸佛之法，故佛常言："住世四十九年，未曾说过一字。"正明此佛所说之法，乃为过现诸佛所同说之法。而吾人推崇本师，言此法为此佛所说，而佛实非以说法者自居；故说此佛所说之法，即过现诸佛所说之法，亦无不可。

游化诸国至广严城，住乐音树下者，此说佛说法之处所以为证信。佛自证菩提先至施鹿林中，为五比丘转四谛法轮,然后游化经摩竭陀国而至此广严城。诸国,于《仁王护国经》说十六国;或说佛灭度时,国王共争舍利;故知佛说,实有诸国。此指人间而言,若其游化天上及龙宫华藏等,广施法雨,化无量众,则诸国之所包广矣。广严城,即毗离耶城之译义。此城广大,人民丰富,楼阁修饰,极其庄严,故以为名。乐音树,为树名,其林木中,迦陵频伽出和雅音,微风吹动,天然歌乐,故以为名。此广严城,喻如宁波;乐音树则如宁波之阿育王寺。佛游化经此,即憩息树下说法,此为住处证信,亦犹今之开会讲经,必有其住处也。

丙二　听众法会

与大苾刍众八千人俱,菩萨摩诃萨三万六千,及国王、大臣,婆罗门、居士、天龙八部、人非人等,无量大众,恭敬围绕,而为说法。

由前闻时主处,已可证信。但为流传千古,不使稍有怀疑,故此复引法会大众证信。如《弥陀经》等引众证信,并列其名,如长老舍利弗等,而今唯言苾刍等众。苾刍与比丘音同,有言苾刍指香草,从喻立名。其实,同音译比丘。比丘译义甚多,而其本义,厥惟乞士。乞士者,乞食以活身命,乞法以资慧命。乞食以活身命者,依出家法,舍弃家产游化人间,乞食活命,随处宣教,度诸有缘,威仪端严,导俗敬信,令施食者广种福田,故乞食资身,属利他德。乞法资慧命者,乞求佛法,慧命相续,功德成就,乃属自利。具此二德,方号苾刍。苾刍众中,其无学者,为大苾刍;未具戒者,有沙弥众。又依戒律,在家出家,各有男女二众。而此专指苾刍众者,众为僧伽和合之义。此大苾刍众,已证四沙门中果,为众中上首故。此苾刍众,数有八千。复有菩萨摩诃萨其数三万六千者:菩萨,具云菩提萨埵;菩提,为无上觉;萨埵,为有情。正显菩萨初发心时,即上求正觉,下化有情。约四弘誓愿说:法门无量誓愿学,佛道无上誓愿成,为上求;众生无边誓愿度,烦恼无尽誓愿断,为下化。但约广义言,从初发心至等觉地,皆为菩萨。则此为初心耶?抑等觉耶?故以摩诃简别;摩诃为大,即大菩萨。自十信初心菩萨至初住位,复经十住、十行、十回向,至登初地即称大地菩萨,乃证诸佛菩萨所证之真如实际理地,方称为大;具无量义利故为多;居三乘之首故为胜;具此大、多、胜、三义,方是菩萨中之摩诃萨。今此会中,摩诃萨众,三万六千。苾刍为佛近眷属,常随侍佛;菩萨众乃佛之大眷属,能助诸佛转法轮者。国王为一国之主,犹今共和民国之元首、总统、或主席。大臣为国王之辅弼,左宰右丞,以及文武大官,皆辅助国事者;如今之院长、部长等。婆罗门、此译净裔。释迦佛未应世时,印度有外道言:天地万物未生之前,有大梵天,超然独上,人类万物由之而生。其生时,有自脚底而生,有自两膝而生,有自两肩而生,有自其口而生,此为形成印度四姓阶级之因素也。

而此婆罗门种,即由梵天口生;梵为净义,故曰净裔。此婆罗门世掌全国文化事业,教导人民,如中国古之文人大儒,教育民生,而居执军政之刹帝利上;故知印度实为教重于政之国。居士、乃素封之家,可端居乐道,为农工商界之领袖,社会之优秀份子也。如是等众,皆为人间听法之众。复有天龙八部,无量大众。奘师译本,天龙之下加有药叉两字,今本则无,乃将药叉摄八部中。天在人上,有欲界天,色界天,无色界天;三界共有二十八天。龙、通常专指兴云施雨者;在佛教中,具大神变,有大威力,护天护人,皆为龙众。药叉,即夜叉,译为勇健,言其威猛神武,是大力士。又译捷疾,言其陆空飞行,往来迅速。平常水陆道场中,发符使者,即此药叉神将。八部者,即天、龙、药叉、乾闼婆、阿修罗、迦楼罗、紧那罗、摩睺罗伽。此中略去药叉以下。国王、大臣等,皆是人众;天龙、药叉等,为非人众;故曰人非人等。如是芯刍等无量大众,随佛住乐音树下,恭敬尊重,围绕于佛,求佛说法,故启下文曼殊之问佛。既有如是等盛会胜事,故结集者,叙述流通以证信也。

乙二　礼请许乐
丙一　敬礼

　　尔时,曼殊室利法王子,承佛威神,从座而起,偏袒一肩,右膝着地,向薄伽梵,曲躬合掌。

　　此下为叙请分中第二科礼请许乐,为此经之别叙,亦名为缘起叙。此中有四:

　　一、敬礼,二、启请,三、赞许,四、乐闻;今为敬礼之文。敬礼者,以表三业清净,恭敬归佛。若无恳切至诚之心,则虽曲躬合掌,徒然无益。故须意业敬之于内;身业形之于外,顶礼膜拜;然后口业,唱赞叹词;故知敬礼,即建立于三业之恭敬上。又三业恭敬,则身意严净,与诸佛无漏功德相应,则无明、贪、慢等皆可折伏;尤足除憍、慢、嫉,生信、惭、愧。故平常学佛者,见佛闻法,先致敬礼,即有此等意义。又由众人三业恭敬,能使法坛严肃庄重;亦由世俗开会设宴,须先洁净场所,方可款待大宾也。

尔时者,即当尔之时,当佛在乐音树下大众围绕说法之时。法会摩诃萨众中有曼殊室利者,从座而起。曼殊室利,即文殊师利,译音稍异;其义译为妙吉祥。妙,即曼殊;吉祥,即室利,显其于诸法中最为吉祥。又称大智曼殊室利,表其智慧最胜。以佛弟子各有一胜,此曼殊即菩萨众中智慧最胜,不唯于释迦佛法中智慧最胜,即于十方诸佛法中咸皆智慧最胜。又佛果功德不可思议,须藉因地菩萨以表显之,故曼殊之大智,即表佛果之智德,如普贤之大行,观音之大悲,亦皆表佛果之一德。尤其是曼殊之大智,特表诸佛功德所由生起之般若无分别根本智,亦曰实相智或如理智,以显圆满难思之智海也。曼殊室利称法王子,亦称童子。法王为佛之德号,佛具如来等十号外,复有无量德号,如一切智者,最胜者,大医王,大悲救世等,而法王亦其一也。法王,自其字义研究之,法之一字,义无边际,遍一切处,无非是法。《法华》云:"我为法王,于法自在。"即解王为自在之义。但欲解王,须先明法。法在天亲菩萨解"诸法无我"句,说有五位、百法。五位者:一、心王法,二、心所法,三、色法,四、不相应法,五、无为法。百法者,即所谓"色法十一、心法八,五十一个心所法,二十四个不相应,六个无为成百法"是也。但五位百法中以心法居首者,"一切最胜故";以一切诸法,莫不由此心法而转变而显现,故诸法中以心法为最胜,而心法即为法王矣。然心法人人皆具,凡有心者皆可为王,则不能显法王所以为法王之殊胜。或以诸法实相之真如为法王,即维摩对弥勒所谓"一切法皆如也,弥勒亦如也"之如。盖诸法因缘而生,缘生无性,当体即空,即空所显真性为如,故真如法性,常常时,恒恒时,安住不变动而自在,为法王义。设如此言法王,则作法王比前更易,以草木瓦石以至一尘一芥、一色一香,无非真如,则随拈一法皆为法王,益不能表显佛为法王之殊胜!故又须以无漏智德为法王,以表特胜。盖前明心法,乃以有为法为法王;次言真如,乃以无为法为法王;而此无漏智,乃遍有为无为究竟真净之法王。佛无漏智,即无上正觉智,故佛亦号觉王。由此无漏无分别智,断惑证真,方显证真如为诸法之王;否则障蔽不显,何以为王?故须以无漏智伏灭一切烦恼,广修六度万行,渐转八识而成四智;至转第八识为大圆镜智,方为真正法王。而大圆镜智唯佛果方具,故唯佛为无上正觉之法王也。曼殊独称法王之子,以能传佛心印,继承佛位，如太子之继父王位。然如此以称法王子，亦宜于弥勒等，以弥勒继释迦之后成佛故也。因是曼殊之独称法王子，又有殊胜意义；盖曼殊表根本般若无分别智，无漏清净不可思议，与佛果难思之根本智体，如如不二，所有佛果功德，皆由此智而生，故曼殊之独称法王子，即依根本无分别智表其独胜也。由是观之，此经之明佛果依正庄严功德，尤重大悲利他，非法王之佛不足以说此；亦非法王子之曼殊不足以启此。至如《弥陀经》由舍利弗启请，《大弥陀经》由阿难启请，《观无量寿经》由韦提希启请，皆问往生净土法门，因念佛而解脱，以净土为归宿，偏属自利；而此经由大智曼殊之大悲而启发，欲以利乐有情，则专重利他也。承佛威神，从座而起，正显非仗如来大悲愿海之威神力，虽曼殊亦不能起于此座；亦即曼殊之智乃承法王之智而起，故曰：承佛威神而起此座。此座者，正是自证境界之位置，自六凡众生以及三乘圣人，各有其自住境位，而曼殊此时即从其自位之座起而上求佛道，下济众生也。偏袒一肩者，印度惯习，比丘等所穿之礼服，平常两肩遮覆，遇礼佛时，即袒一肩以致恭敬。右膝着地者，右即左逆右顺之意，表与佛意顺契。又，一肩表上承佛德；一膝着地，表下济众苦。又，普通以右臂右膝动作较为方便，表曼殊由智悲所起之方便用,能上同诸佛慈力,下济众生悲仰也。如是仪容,端严恭敬,向薄伽梵,曲躬合掌。曲躬,即低头鞠诚;合掌,表福智两足。又,十指并竖,即表布施等十度,而前五度属福,后五度属慧,故与佛之福慧两足尊相应也。

丙二　启请

　　白言:"世尊! 惟愿演说如是相类诸佛名号,及本大愿殊胜功德! 令诸闻者业障销除,为欲利乐像法转时诸有情故。"

　　曼殊于无量众中,启请世尊演说如是相类之法。演如流水不绝,喻佛法音演演相续。如是相类,即指下文诸佛名号,及本大愿殊胜功德如是相类之法。又,相类之言,亦通指他经如是之法。如下文云:"亦如西方极乐世界殊胜功德,等无差别。"此显佛已说过《弥陀经》等诸佛名号,及本大愿殊胜功德如是相类之法。今曼殊追忆所及,故言如是相类。诸佛名号,即此经药师佛等名号,及其依正庄严。本大愿,即本因地初发心行菩萨道时,所发通愿、别愿,由是而成佛果功德。故此殊胜功德之言,通因通果:由因地殊胜之愿行功德,方成佛果殊胜之福智功德。此上数句，请佛说法，使自了知佛果功德，可称自利；而亦为利他故，故言：令诸闻者业障消除，为欲利乐像法转时诸有情故。此言障者，通惑、业、报三障。惑障，有烦恼障与所知障：烦恼障亦曰事障，断之较易，所知障亦曰理障，欲除则难；此二通名惑障。惑，即烦闷恼乱，使心神不宁，故名障。业，为作业，即是行为习惯，如人习染不良嗜好，虽乐善事而欲作不能，故为障。报，即苦报，由惑造业招感报体，报体陋劣，不得自在，故为障。然考苦报由来于业，业由来于惑；由贪等惑而业而苦，使吾人长沦三有，不获出期。所谓"我昔所造诸恶业，皆由无始贪瞋痴"，真可慨也！虽然，业处惑、苦之间，实为诸障中心，能将业障消除，惑、苦自灭，如截木心，两头自断；故闻佛法，先令业障消除，则像法转时之有情，乃可以利乐矣。像法者，盖佛之教法住世有三时：曰正法，曰像法，曰末法。正法住世，见佛闻法，即能得果；以诸三乘贤圣等众，皆为已熟之机，一遇胜缘即得断惑证真。佛灭度后一千年间，亦有声闻、菩萨住世行化，人民不生邪解，不起邪行，易以修行得果。一千年后，即为像法，或以像为形像，佛既灭世铸像代佛，及塔庙中皆供佛像，故亦称佛教为像教。其实，此义不然。如言设像，佛世优填王亦已雕佛像，即于末法岂无佛像？故像法言，乃指像似之法，已失其真。言至其时，虽则修行者有，证果者难；于佛法既鲜实证，故已失真。迄今末法，非唯证果者无，即真能实行者亦寥如晨星；虽有少数，亦多盲修瞎练，可悯殊甚！故正法住世，百修百证。及至像法，修行者百，取证者不得其一；盖像法多魔，不易取证，即多退堕！如今世修行未证真圣果，来世业增，前功尽弃！而有勇猛有情，努力勤修，今世不证，来世再修，黾勉求证，其志可嘉！然其事极艰难而可悲悯，故菩萨为下济有情之大悲心所驱策，求佛说法，独标利乐像法转时诸有情者，不无深意焉。

丙三　赞许

尔时，世尊赞曼殊室利童子言："善哉！善哉！曼殊室利！汝以大悲，劝请我说诸佛名号，本愿功德，为拔业障所缠有情，利益安乐像法转时诸有情故。汝今谛听！极善思惟！当为汝说。"

此称曼殊为童子；童者，独也，表般若无分别智，独一无二。又，此无分别智出障圆明，最极清净，一切无漏功德皆由此生。盖真见道位，此智现前，舍前诸漏，具足无漏，故称为童子；即表根本智。善哉善哉，乃双叹之词；以曼殊之问，具足上求下济之义故。诸佛名号本愿功德，此非过未诸佛，即指现在十方诸佛。说诸佛法故，可令闻者业障消除，解脱诸缠。缠，即缠缚，如人犯罪，杻械枷锁被缚其身，不得自在；众生被三障所缠，囹圄其身，亦复如是！若能闻法修行，即可解脱诸缚，出三界樊笼，如鸟翔太空，鱼游渊海，得以逍遥自在也。虽一切时皆有业障众生，今曼殊唯指像法者，正为像法有情极可悲愍。佛体其意，叹为甚难，故允所求。汝今谛听，极善思惟，为诫劝词。谛者，审也，诚听法时，须深审察，一字一句不得含糊，方能得益。既审闻后，又须如理思惟，乃与无漏法义善能契应；此乃由闻慧而起思慧也。又，善谓善巧，能善巧思惟，即可触类旁通，会融其义。须能如是听法，方不辜负说法者心，故先警诫。

丙四　乐闻

曼殊室利言："唯然，愿说！我等乐闻！"

曼殊既蒙世尊赞许，心怀踊跃，随声作答，故曰唯然。唯然，形容其答应得迅速自然，毫无勉强。故常人答应之快者，亦曰唯唯。乐字之本义为音乐之乐，圈入声，为快乐之乐；今为好乐之乐，宜圈去声。

上为本经缘起之叙，依曼殊之问及佛之赞许，说此经之缘由，可以显矣。如《金刚经》之"法会因由分"、"善现启请分"，皆为说经之缘起也；故此亦可称曼殊启请分。

甲二　正说分

乙一　示体相

丙一　总标依正体

佛告曼殊室利："东方去此，过十殑伽沙等佛土，有世界名净琉璃，佛号药师琉璃光如来、应、正等觉、明行圆满、善逝、世间解、无上士、调御丈夫、天人师、佛、薄伽梵。

从此文起，为正说分。于中先示体相，后明机益。此经之体相，即以药师佛果依正功德，及其依正功德所由成之本因愿行，为此经特有之体相。通常判经之体，曰实相，曰真如，曰中道第一义，往往儱侗含糊，不能彰显各经之特殊体。如以真如为体，则诸法缘生无性，即空之所显，通于一切；然于其中,不妨地以坚为体,水以湿为体,是则如是诸法,各有别体。故今明此经,即以药师之因果、依正示其体相;由此体所起之功能,即全体大用也。后明机益,即显众机闻此法所获之益利,乃此经之功用也。示体相中分三科,今第一总标依正体。

　　总标依正体者,有世界名净琉璃,即总标药师依报之体;佛号药师琉璃光等,即总标药师正报之体。佛告曼殊室利,即佛向曼殊室利说。从此娑婆世界东去,经过十殑伽沙等佛土,有一世界,名净琉璃,其土有佛,号药师琉璃光。殑伽沙,即恒河沙;奘师以前,多译恒河沙,奘师以后,多译殑伽沙。恒字音短,殑伽音长,稍有区别,实为一河。恒河在印度,亦犹中国之黄河。有言其发源于天上,实则出之阿耨达池;如中国古探黄河之源于星宿海,而今日考察所得,实与长江同出自青海。恒河多沙,佛说法处多在恒河流域,故为顺便通晓起见,经中遇说数目极多时,即以恒河沙为喻。如七佛药师本,则从四殑伽沙说起;今本但明药师佛土,故直从十殑伽沙说。佛土,即世界;一佛土,即一大千世界。净琉璃,即清净青色宝,言其国土居七佛之后,最极清净,无漏庄严;故前言青色宝时,以万里无云之白日清空为喻也。此药师佛,具足十号:一、如来,义如前。二、应,亦译应供;梵音阿罗诃。

依法华论,有十九义,通常或三、或五,言应受人天供养,应已断惑证真,应更不受生死;而应供之义,通声闻、独觉。三、正等觉,亦作正遍知,梵音三藐三菩提。四、明行圆满,亦称明行足。明,为智;行,即万行。明以智慧为先导而修万行,故能成福慧两足尊也。五、善逝,善能顺法性而寂逝,盖佛用而常寂,住于无住涅槃。不同二乘子缚已断,果缚犹在,住于有余涅槃;佛则五住究尽,二死永亡,为度生故,非生现生非灭示灭,虽现生灭而常寂静,故云善逝。六、世间解,佛具十力等智,事理、相性,明解照了,如脱桶底。七、无上士调御丈夫,亦作无上丈夫调御士。士为人中才智之多能者,如普通社会农、工、商中,以智足多谋、文武双全有力用者,名之为士;故亦以无上之士称佛也。调御丈夫者,丈夫为有大志荷大事者,平常仆妾之于男子,亦称丈夫,正显丈夫勇敢无畏。善能调御一切,如善骑马,调伏猖獗,喻佛善能摧伏魔军,驾驭三界之众生也。八、天人师,佛为三界之导师,四生之慈父,故名。九、佛,梵语佛陀,此云觉者,三觉圆满,故号为佛。无明漏尽为自觉,调化众生为觉他,自觉之果圆,亦即觉他之行满也。十、薄伽梵,即世尊。涅槃等言,自如来至佛为十号,薄伽梵乃十号之总称。而佛地、唯识等,则将无上丈夫调御士合为一号,故自如来至薄伽梵,方成十号。此两说者,各有其根据也。

丙二　别陈行果相
丁一　行愿
戊一　总标大愿

"曼殊室利！彼世尊药师琉璃光如来本行菩萨道时,发十二大愿,令诸有情所求皆得。

此下为示体相中第二别陈行果相。行为因中所发誓愿,果乃佛位所成之果德。

此中复二:一、行愿,二、果德。行愿文中复三:今第一总标大愿也。

彼世尊,即指药师如来;以释迦为此土之佛,故以药师为彼。由药师琉璃光如来本行菩萨道时,发十二大愿之两句,则本愿二字亦显矣。此十二大愿,在药师未成佛之因地中,同为凡夫,行菩萨道时所发。道,为菩提行之总相;但道虽广,可摄为三十七道品,即三十七菩提分法。其修道所获之果为菩提,亦名为道;其修因之差别行为分法,亦名为道品。欲证菩提涅槃之果,须由所趋之道路,如行者欲达其目的,须由路途。此举道之总相。若别明真菩萨道之自体,由初发心三慧所起：由闻教故，生起闻慧；闻而极善思惟，如理作意，即成思慧；然后如实修习，即成修慧。成闻慧时，与信相应；成思慧时，与戒相应；成修慧时，与定相应。由修集资粮至加行位，引发根本智无漏无分别般若之大慧；复由根本智而起后得无分别慧。所谓加行无分别慧，根本无分别慧，后得无分别慧，皆由加行慧而引发；各以慧为自体，与诸善心所及善遍行、善别境等相应而起者，即由善等心所相应。根本亲证诸法真如自性，起后得智，通明法界事理，与此无漏智相应而等起施戒等万行，皆为修习道行。故有道自体，道引发，道相应，道所缘，道等起，综合之皆为道也。十二大愿者，为药师如来因地所发之本愿，盖其所发四弘誓愿为通愿，此为别愿。发愿即是立志，由内心策发，确立而定；以此志愿督促之、鞭策之而行其道，方遂其愿。如地发芽，生根不动，而得成婆娑之大树。但普通人虽亦立志，督策自己，然因意志薄弱，见色闻声，往往情不自禁，不堪外境之诱惑，而为其所转！诸佛发愿，与之迥异，既发愿已，三业依之修习，坚固无有动摇，由此必证菩提，故能令诸有情所求皆得。盖既证菩提，则一切行愿之所求自然满足矣。由本行两句，行道发愿，智断成就；由令诸两句，广被有情，恩德成就矣。

戊二　别陈诸愿

己一　正报庄严

"第一大愿:愿我来世得阿耨多罗三藐三菩提时,自身光明炽然照耀无量无数无边世界,以三十二大丈夫相、八十随形庄严其身;令一切有情如我无异。

此别陈诸愿,即有十二大愿。概而言之,此中自第一至第五愿,乃依四谛中灭道二谛境而发;自第六至第十二愿,乃依苦集二谛境而发。前五愿中更可分别,第一、第二依所证灭谛果而发;后三依菩萨所修道谛而发。后七愿中,前三后三皆由苦谛而发;然苦因于集,故中间一愿乃依集谛而发。今此第一愿,明药师之正报庄严。

愿我来世得阿耨多罗三藐三菩提时者,即药师在因地行中说:愿我当来成佛之时也。成佛一名,每多滥称,其实须成阿耨多罗三藐三菩提时,方称成佛。梵语阿,此云无;耨多罗,此云上;即是无上最高之义。三藐三菩提,译正等觉,亦遍正觉,或作正等正觉。此菩提觉之上,复加阿耨多罗与三藐三之言,正简此觉与泛常之觉有异。泛常觉冷热是非等曰感觉,曰知觉,自以为觉,实则迷而不觉,乃颠倒妄想之错觉;

虽云觉悟今是而昨非等,亦非正觉。以正等觉者,觉悟宇宙万有之真理,平等平等,无有高下,如理如实而觉,方为三藐三之正等觉。故单言觉时,即通凡外。但凡外为错觉非正觉,故以三菩提简之。又单言三菩提时,即通二乘菩提,但二乘不能普遍正觉,虽破我执,觉生空真如,而法执未破,法空真如觉而不显,虽觉生空而非普遍,乃以三藐三菩提简之。又登地菩萨,虽可称为分证三藐三菩提,而不能冠以阿耨多罗,以初地至二地乃至十地至等觉,后后胜于前前,皆有上故;是故惟佛与佛,方为究竟阿耨多罗三藐三菩提者。今药师因中愿其当来成佛时,自身光明照耀一切世界。身,有三身:一、法性身,亦曰法身;二、受用身,亦曰报身;三、变化身,亦曰应身。法性身为诸法之真实性,为诸佛究竟觉之所彻证,故遍一切处,具无量智德光明。然此所谓炽然照耀无量无边世界,乃指受用身而言。受用有自受用与他受用:自受用身,佛果无漏不思议界,唯佛与佛之所能知,即等觉大士亦如隔云望月,蒙胧非真,何况地下圣凡!但此不思议自受用身土,一佛一切佛,非异非不异,无量无漏福智功德,自佛他佛无有分齐,等同一味。然亦不妨各从自受用身而现起他受用身土。他受用身,乃为教化地上菩萨而现,所谓"如来现起他受用，十地菩萨所被机"。如华严之毗卢遮那，梵网之卢舍那，皆为地上菩萨所现之他受用身，光明灼耀，微尘刹海；故此身光炽然照耀无量无数无边世界，即他受用身也。佛光既照无边世界众生，故今吾人皆在药师佛光照耀之中，不亦甚亲切乎！炽然，状况光力盛而且大，尽虚空法界之边际，无所不照，无有限量；故弥陀号无量光，而此药师亦具无量光明。三十二相，八十随形，随其一形相等遍法界而言，亦是他受用身；而依通常教理说，则属变化身。此有大变化身、小变化身、随变化身三种。大变化身，为三贤入四加行位菩萨所现，在定中所见色究竟最高大身，亦为此身；所言佛身千丈，或十六万由旬，皆属此身。小变化身，如今娑婆教主释迦如来，现丈六身，三十二相，八十随形好者属之。其实释迦佛身，通法性身、自他受用及大变化；而依标准教义，唯局小变化身。今药师愿将来成佛，亦现此身，应化众生。大丈夫相者：如人间之转轮王相，天上之梵王相，佛法中则为大士相，佛相。具此大丈夫相者，即能荷负教化众生之伟业，如转轮圣王，即能负担一四天下众生之事业——详见《大般若经》及诸大论。三十二相者：一、足下安平如奁底。二、足千辐轮相，乃至三十二顶成肉髻相——详见《法数》。此等宝相，皆自修得，非偶然成,所谓"三祇修福慧,百劫修相好",可以知矣。八十随形,即三十二相上所现之种种形好,如眉间白毫相光,其体通明透彻,其色极白洁净,即此体明色白为相上形好。既有宝相,复具形好,故其身极庄严,无与伦匹。药师如来,愿其佛果正报庄严如是,亦愿令其世界一切有情正报如是庄严,故能生琉璃世界者,皆具三十二相,八十形好;亦如往生极乐世界,即无男女相,无六根残缺等相,皆具大丈夫相、大士相焉。

前年戴季陶等朝野名人,迎班禅大师于宝华山建立药师法会,亦本药师之十二大愿,而发十二种愿,其云:"第一遵行世尊本愿:政本优生,教重安养,使一切人民身心美善,相好端严。"今科学有优生学,本此优生学施优生政策,能使人民生活善良,身心健美,此正与药师之第一本愿,遥相呼应。故前讲此经缘起时,亦言依药师佛法门可实际应用于现实人生之改善也。

己二 身光破暗

"第二大愿:愿我来世得菩提时,身如琉璃,内外明彻,净无瑕秽,光明广大,功德巍巍,身善安住,焰网庄严过于日月；幽冥众生，悉蒙开晓，随意所趣，作诸事业。

前第一愿，诸佛大体相同；今第二愿，则唯药师独具。得菩提时，即成佛时。

身如琉璃者，身有三身，三身中现自受用、他受用、大变化、小变化时，皆现佛相，唯随类变化，或现人天，或现鬼畜，无有定相。今身如琉璃之身，且据变化身言。此变化身，如青色宝，内外明彻，净无瑕秽。瑕为玉中疵，玉有污点，即成美中不足；吾人之身亦具琉璃之光，而为肉血烦恼所障，不能内外明彻。例如水晶珠等，亦能内外明彻，而每不免瑕疵。唯此药师琉璃光身，内外明彻，净无瑕疵，其广大遍一切处，功德无量，如山巍巍，善能安住焰网庄严，即所谓"药师如来琉璃光，焰网庄严无等伦"！焰，即光上之线，如曙光东升，光线夺目。一光焰照一一光焰，一一光焰照一光焰，光光相映，结成罗网；而此琉璃光身，即善安住于此由光线所组成之光明灿烂的焰网之中。药师如是，其土众生亦各能身善安住于焰网庄严，此其所以光明过日月也。盖吾人所居之世界，以日、月、星为三光，而尤以日月之光为大；然日月虽能照破幽冥，若黑夜即无日月。如今交通所及，知吾人所居之地球上，亦有半年无日月光照者,有终年无日月光照者,而亦有人物生其处;此诚如佛教所谓黑暗地狱众生也。但净琉璃世界,有药师琉璃光身之光明,则一切黑暗皆破除,幽冥众生悉蒙开晓。如盲者得眼,即能于光明熙和中随意所趣,平等自由,作诸事业者也。

药师法会愿云:"第二遵行世尊本愿,培植德本,发扬慧力,使一切人民本力充实,光辉普耀。"培植德本,发扬慧力,使世界和平,人民安乐,一切作业,悉得成就,亦药师此愿之实际应用者也。

己三　智慧资生

"第三大愿:愿我来世得菩提时,以无量无边智慧方便,令诸有情皆得无尽所受用物,莫令众生有所乏少。

此第三愿,标以智慧资生者,以药师成佛时,欲以无量无边智慧方便资济众生。此第三愿至第五愿,依道谛而发。道者,广则八万四千波罗密多,略则三十七品;再略之,则为戒定慧。而此三愿,即依此三而发。是第三愿,乃依慧发。无量无边智慧,出智慧之体;无量无边方便,为智慧之用。故方便之自体即智慧,智慧之妙用即方便;若无方便无以显智慧之深广,若无智慧无以起方便之巧妙。故智慧与方便,皆是无量无边。无量者,普通言量,约有两义:一、读平声,如升斗量米,尺寸量布之量,为动词,表现动作;二、读去声,如言度量数量之量,为名词。又如言不可以尺秤量其长短轻重,亦为平声。此无量乃无有限量之量,乃去声之量也。以今通用名词言之,量即空间。空间,在数理学上有三度量:一、量长短,二、量阔狭,三、量厚薄高低。如一墨点,不成为量,须成一线,方有长短之纵量。但只一线不成为物,物必有阔狭,故有第二度阔狭之横量,所谓先量长短,后量阔狭。既有长短、阔狭,既有南北东西之方向,然亦未成其为完整之物。盖完整之物,既如一纸,必有其反面的厚薄,故第三度即量其高下浅深。如此经过长短、阔狭、厚薄之三度量,乃成为物,既有东西、南北、上下之六方分。故无论何物,凡成其为物者,须具足此三度量之空间,知其自南至北有几何,自西至东有几何,自高至下有几何,方成一物,否则不成为物。小自茶杯房舍,大至地球、华藏世界,其为有情世间及器世间,皆具此三度量以各占其空间。若超此量,无彼此,无分别,则不能说成一物,亦即无可思想分别而入于无量矣。此乃无量之本义,佛果智慧方便功德,亦复如是无量。无边者,边依量立,若有量,即有四方上下,此量尽处即有边际。有此方物,有彼方物,即有边际分齐;故立有边,即基于量,若无量,则边亦不可得矣。今中国人皆能说佛法无边之一语,佛法无边,诚如所言,惜深知其义者鲜耳。其实,一切世法皆落边际,唯有佛法确实无边。然佛法无边,非离世法之外另有一无边之佛法,若离世法另有一个无边佛法,即此世法与佛法之间已落边际矣!故须无量,方成无边。前言量有三度量,以明四方上下之空间,今更进而言之:依最新学说有四度空间,乃将时间加入空间而成第四矣。《楞严经》言:"四方上下为界,过现未来为世。"以之说明世界为空间时间之交织,颇相近似。是故一物之成为一物,不特有六方,且有三世;如今讲经之法堂,占有上下四方之空间;经未造、落成、朽坏三时之时间。有此一法堂,即具六方、三世四度量;扩而言之,凡物皆有此空间与时间而成立也。故平常所谓人生几何,天长地久,皆自空间量上显明时间。六方、三世界量无,则边际乃无矣。但如何言唯佛法无边耶?此盖诸法实相,法尔如是,本无边际;故无量无边,实为诸法之本来面目。自佛法言之,若真若俗皆无量无边。何以故？自第一义之真谛言之，量不可得；以量从分别而起，诸法真实相无此分别量故；既无量，复何有边耶？自众缘所成之俗谛上观之，诸法亦无量边，以诸法从众缘生，缘生无性，一法之生，即依法界诸法为缘，故一切法不出一法，一法即括尽一切法，则无一一之定量可得，何有一法一切法之边际哉？如一小杯，为四大成，土质为地，调泥为水，烧炼为火，鼓扇为风，容受为空，加以人工之思想模样，由此种种因缘，即成此一小杯；则此小杯，即依虚空法界众生辗转增上之缘力而成，即可摄尽宇宙万法。故能通达一物，此物即遍虚空法界，无可限量，亦无边际；此在俗谛而论诸法，诸法亦无量无边矣。但诸法小自微尘草木，大至华藏世界皆无量边，何独唯指佛法无边耶？良以诸法虽无量边，倘无佛智慧，即不得而知，而妄执有量有边，并认定此有量有边之法，方为实法，而以无量无边为非实法，颠倒是非，混乱黑白！自具缚凡夫乃至三乘贤圣，未得诸佛智慧，皆不免此颠倒分别而执有量有边！是故唯有佛法无边，其理亦了然矣。

复次，人之心境上有此分别量故，世界随之有成住坏空，人生随之有生老病死，一切皆由此分别心量境之生灭而生灭，则世界人生皆落生灭之窠臼矣！若了真俗诸法其实本无量边，如是如是，则当下即不生灭，当下即了生死矣。如人计我，我生于何时，我作若干事业，我经几何年月日时而死，此在量上作边际想，故人生之生老病死起矣。又如，计此世界为上帝创造，创造于何时，至何时毁灭，则世界之成住坏空作矣。若知佛法真俗二谛之理，诸法本性无量无边，一法如是，一切法亦如是。一即一切，一摄一切，一入一切；一切即一，一切摄一，一切入一。无定量可立，无极边可得，则人生生老病死即非生老病死，世界成住坏空即非成住坏空，当下本无生灭生死可了，即是菩提大般涅槃。是知法法无边，洵惟佛无量之智慧方显焉！复依此无量无边之智慧，等起无量无边之方便，依方便之权智，达智慧之实智，由智慧之本体，起方便之妙用，随机设法，应物施功；是知一切方便，皆由智慧而成。如十度之方便、愿、力、智，皆依般若而开发。经云："菩萨于菩提，当于何求？当于五明处求。"五明者，一、因明，二、声明，三、医药明，四、工巧明，五、内明。此除内明为佛学外，其余四明皆为济世利人之方便用；而此方便之无碍自在，功由智慧。如今科学发明，供给吾人衣食住行上种种享受之物质，皆是方便之用；但因无无量无边之智慧以为妙体，故虽有用而非妙用，有尽际相可得，此有彼无，起贪瞋痴互相争夺，世界祸乱从此起矣！人民痛苦由是生矣！故此世界非无方便，实由无无量无边之智慧不成妙方便耳。由此，今日之人世，若依药师之智慧，则科学资生之方便，妙用无尽，斗争永息，世界和平，人民衣食丰富，所受无缺乏矣。

药师法会愿文云："第三遵行世尊本愿，广行四摄，勤修六度，使一切人民自他方便，万事咸宜；世尊第三本愿，如实成就。"

己四 导入大乘

"第四大愿：愿我来世得菩提时，若诸有情行邪道者，悉令安住菩提道中；若行声闻独觉乘者，皆以大乘而安立。

前愿明佛之智慧无量无边，由此无量无边之智慧，复起无量无边之方便妙用。

正如《法华》所云："诸佛智慧甚深无量，其智慧门难解难入。"此愿使诸凡外、三乘安立大乘，即属于定。盖安立即安定，如《大学》所谓："知止而后能定，定而后能静，静而后能安，安而后能虑。"此亦言由定而安也。药师此愿，欲使一切行邪道之有情，舍邪归正，安住菩提正觉之道。正觉、邪道，相对而立,未入究竟之正觉,皆不免落邪,唯断善根之阐提种姓纯是邪,佛纯是正,故正邪亦不能定限。但依普通标准言之,除人伦道德等世间善法,与出世之三菩提法为正道外,其自虚妄分别而执为有道者,皆为邪道。其所执道,与诸法实相,及世间资生事业伦理道德相违,而另有其无上至高之道,奉为最胜,余若无赌。《瑜伽戒本》所谓:"若诸有情,安住自见取中,起如是见,立如是论:唯此是实,余皆虚妄。"此即为邪见师资矣。昔有一人,终日思金,神经失常。一日上市,忽见有金,当众即取,遂被捉住。询其何以当众盗金? 彼言:我取金时,唯见有金,不见余人。此与邪见众生自立邪道,不见正理,恰恰相同。故邪见众生深深安住自邪见道,虽有菩提正道,说之不信,须由诸佛威神之力,方便善巧之用,方能醒其顽迷,使之舍向邪见,安住菩提道中。菩提道者,即阿耨多罗三藐三菩提道。然此菩提,通指三乘菩提,皆为正道。此使邪见外道安住菩提,乃为第一重意义。若行声闻、独觉乘者,皆以大乘而安立之,此为第二重意义。声闻者,闻佛说四谛音声,知苦、断集、慕灭、修道,证得须陀洹等四沙门果。独觉者,出无佛世,孤峰独宿,秋观黄叶落,春闻百花香,觉荣枯无常,由之悟道;亦曰缘觉,缘佛说十二因缘之声音,知众生由顺生门流转生死，由是入还灭门，即得证果。于中声闻根钝，缘觉、独觉根利，故增道损生皆有迟速。乘者，运载之义，如以车代步，达目的地。明声闻、独觉，各依四谛、十二因缘之教乘，度分段之生死海，到生空之涅槃岸。此行声闻、独觉乘者，若已证、若未证，皆使由二乘心而安定于大乘法中，一入永入，毋令退堕。故此愿可为二重：一、对二乘众生，使安立于大乘中；一、对邪外众生，则先破其顽迷，使之舍邪入正，安立于世间伦理道德，即佛教人天、二乘、五戒、十善法中，然后再由人天进入三乘，复由三乘使安立于大乘。此与法华会三乘归一乘之理相符。实则全部法华，明一佛乘，不外此"皆以大乘而安立之"一句也。故佛法于邪外二乘，皆能导入于大乘。又，大乘之法，乃诸佛通达诸法实相之智慧，无量无边，故为众生开示，皆悟入佛之知见也。是则此愿虽寥寥数行，可判摄一切佛法，盖一切佛法归纳之，不外五乘共法，三乘共法，大乘不共法，而此由邪外二乘以至导入大乘，皆可包括之。

药师法会愿云："第四遵行世尊本愿，服务社会，尽瘁人群，使一切人民，咸归大乘，舍身救世；世尊第四本愿，如实成就。"

己五　得戒清净

"第五大愿：愿我来世得菩提时，若有无量无边有情，于我法中修行梵行，一切皆令得不缺戒、具三聚戒；设有毁犯，闻我名已还得清净，不堕恶趣！

前二愿明慧与定，此明得戒清净。无量无边有情，显有情数目之多。使此无量无边之有情，皆于我药师佛法中，修行梵行。梵，译为净，超出五欲之清净行，乃为梵行。一切皆令得不缺戒者，即使行者得具足戒。不缺，显不缺漏；《大智度论》明不缺、不穿、不漏等十事，并设喻云：凡夫持戒至于佛地，如渡海浮囊，中盛空气，无少缺漏，方渡彼岸。囊即喻戒，戒行无缺，方至佛地；若稍缺漏，如浮囊有孔，即便沉没，故戒也者，不可须臾离也。传戒者须如法传授，受戒者须如实修行，方能具足，无所缺漏。三聚戒者：一、摄律仪戒，二、摄善法戒，三、饶益有情戒。摄律仪戒，即持身口七支等戒。摄善法戒，即持善法戒。平常戒律中说有"止作持犯"：止持，即止一切恶行，所谓诸恶莫作；若经佛制止之事，皆不得作，若作即犯，此即摄律仪戒。作持，即作一切善法，所谓众善奉行；凡经佛教授之事，如六度万行，皆须工作，若不工作，即是违犯,此即摄善法戒。饶益有情戒,即诸菩萨广行四摄,饶益众生;若不作饶益众生之事,即是犯戒。此中摄律仪,摄善法,通诸声闻;而菩萨戒则以饶益有情为主,余二为助伴。聚为类聚,每戒之中,各有类聚,如律仪戒之五篇、七聚等。梵网兼律仪戒,而瑜伽则即以七众律仪戒为律仪,专明摄善、利生。若本已受持三聚戒,设一时迷昧而有毁犯,若闻药师佛名,还得清净,不堕恶趣。恶趣者,即地狱、饿鬼、畜生三途恶道,或加阿修罗为四恶趣。因犯戒故,须堕三途,但闻药师佛名,由其本誓愿力加被,犯戒有情还复清净。因犯戒如衣被染污,即不清净,由佛力故,如洗净之。但唯有佛果功德加被,若无本因誓愿之力,则加被即非真切,如日光泛照万物;若佛果加被,复有本誓愿力,则如收光镜将日光摄集增强。吾人今皆已受戒,若有误毁者,闻此药师名号后,宜发露忏悔,誓不更犯,亦得解脱,不堕恶趣。后灭罪文,广说其事。此上三愿,皆依慧定戒发,亦使一切有情依之得慧定戒者也。

药师法会愿云:"第五遵行世尊本愿,精严戒律,调伏身心,使一切人民身口意业,咸归清净;世尊第五本愿,如实成就。"

己六　得身健美

"第六大愿：愿我来世得菩提时，若诸有情其身下劣，诸根不具，丑陋、顽愚、盲、聋、喑、哑、挛躄、背偻、白癞、颠狂、种种病苦；闻我名已，一切皆得端正黠慧，诸根完具，无诸疾苦。

此第六愿明诸有情六根不具，丑陋癃残者，若闻药师名号，即得身心健美；以此愿乃缘苦谛境而发，故在使诸有情脱离诸苦。相传清代玉琳国师，前世为出家人，诸根不具，丑陋顽愚。结缘施主见而嗤笑讥刺，因有感焉。寻闻受持药师此愿，能得六根完具，身心健美，遂受持奉行此法门，而转世即得玉琳身，智慧殊胜，诸根聪利，相貌端严。有清一代，不少名师，而为后人闻名敬信无间言者，厥惟玉师。是皆由药师佛果本誓愿力加被而致者，吾人若能如是发愿，弘法利生，亦可成就如是胜报。

此中若诸有情之言，不指琉璃世界有情，以既生琉璃世界者，必已具诸相好，无诸丑陋，故应指娑婆等十方世界而言。娑婆众生，胜劣不等，高下参差，如处大庭广众之间，高胜者固身心兴奋，而下劣者相形见绌，不免精神苦痛，落于隐忧。身根者,即五色根身;在此五色根身之上,有眼、耳、鼻、舌等四根,或缺一,或缺二,或俱缺,故曰不具,不具故身丑陋。顽愚者,意根衰弱故,心性鲁钝,冥顽不灵。盲,为眼根不具;聋,为耳根不具。有有根而不闻,有连根形亦缺。喑,为喉舌不充,发音不亮;至于哑,则不能声响,舌根全坏,故喑哑总为舌根不具。但喑亦关鼻根,如鼻喑则发音不明等。挛,拘曲也,两手挛曲不直。躄,两足俱废。背偻、即身驼不直。白癞,即麻疯;疥癞为小疮,而白癞病则坏及诸根,如今广东等地,多有染此病者。此上乃为身病。颠狂,为精神病;狂,即狂乱,神经反常,举动失检,所谓丧心病狂,即此之谓。此等诸根不具,即成残疾,人有残疾,抱恨终身;迥异伤寒发热诸症,一著于身,即无法可免除。若能依药师愿,便可消除。但今医学进步,此类病症亦可减少,如西洋人少有痢头、麻脸,皆由医药种痘功能;故身病亦渐能治愈,殆亦由药师愿力耳。药师佛愿闻其名者,一切皆得端正黠慧,诸根完具,无诸疾苦;今既成佛,当满其愿,故其国中必无残疾之人。端正者,诸根完具,丑陋之反。黠慧者,黠为灵巧,慧乃聪明;聪明黠巧,顽愚之反。此依药师佛果本誓之力,其土众生正报庄严,药师琉璃光及其净琉璃国之得名,不可谓非此愿功也。

药师法会愿云:"第六遵行世尊本愿,政重卫生,业励医药,使一切人民,凡有疾苦,悉得救治;世尊第六本愿,如实成就。"

己七　安康乐道

"第七大愿:愿我来世得菩提时,若诸有情众病逼切,无救无归,无医无药,无亲无家,贫穷多苦;我之名号一经其耳,众病悉除,身心安乐,家属资具悉皆丰足,乃至证得无上菩提。

此愿标安康乐道者,安为安宁,康为康健。由贫病故即不安宁康健,此愿即由不安不康而使能安能康以乐道修行也。盖人类生活,若不安康,则受苦逼迫,何能安心乐道?故欲人类乐道修行,须先使人类解除饥寒困病之苦患。今世仁人君子,力谋改革社会,建设实业,使人民生活趋于丰足,亦此之图也。故人人皆能效药师佛法而行,则人民生活既改良,社会百业进步,道德文化亦蒸蒸日上矣。药师愿其成佛时,若诸有情为众病逼切,皆令解除。众病者,佛经明众生一大不调,百一病起,四大不调,四百四病起;中国古来亦说温、湿、寒、热等病。诸有情类,为诸病苦逼迫痛切,无救无归,无医无药，无亲无家，因是未尽其天年而夭折，备极凄惨！但今亦有无家独身之人，因有金钱，病来则医，犹有可救；若无家亲，复贫而病，则惟待死而已。但此类众病交迫之有情，若闻药师如来名号，即可众病悉除，身心安乐，家属资具，悉皆丰足，安康乐道，乃至证得菩提。后文所谓"求长寿者得长寿，求富饶者得富饶，求男子者得男子"；显由药师悲愿力故，皆获遂愿所求者也。

今日中国急欲解决之民生问题，而欲使人民衣食住行富饶丰乐者，皆不出此药师佛愿；故能人人依此发愿实践，则民生痛苦及生计诸问题，庶几可解决矣！此愿人类解除痛苦，社会和平，国土丰乐，为药师愿特要之点，亦如弥陀愿中之特重闻名往生也。

药师法会愿云："第七遵行世尊本愿，普设医院，广施药品，使一切人民孤苦贫穷，悉离病厄；世尊第七本愿，如实成就。"

己八　转女成男

"第八大愿：愿我来世得菩提时，若有女人为女百恶之所逼恼，极生厌离，愿舍女身；闻我名已，一切皆得转女成男，具丈夫相，乃至证得无上菩提。

　　此愿标为转女成男者，琉璃众生皆大士相，本无男女之性别。男女之名，相对而立，无女则男亦无，说无女人者，乃对余界而说。如以三界言之，色、无色界男女相无，而欲界则有男女，故欲界万有皆分阴阳二性。今科学分析万有构成之最后因素为电子，虽微细难见而亦有阴阳二性。由阴阳二性构成之物，皆含有矛盾性，相反相成，相生相克。故五趣杂处之欲界众生，皆有阴阳二性，以阳为男，以阴为女。于同一人类中，遂分男女鸿沟，而在相形见绌之下，不免男胜女劣，于是百感丛生，为诸恶劣之所恼乱，极生厌离，欲舍女身。然女人中具大丈夫性者，方觉女身可厌，生求离想；若无丈夫性者，虽感女身，不觉厌恶，反执为美！依大乘佛教，理本平等，无男女差别、高下可得，但随此类之机，落于男女分别想中，厌而求舍，故佛即为说之，使依药师法门，或生琉璃得丈夫相，或在婆婆现身后身，转女成男；若无厌离女身者，佛亦不须说此也。

　　此上三愿，皆缘十方众生为众苦之所逼切恼乱而发，故依之而行，皆可离苦得乐。药师法会愿云："第八遵行世尊本愿，立法施政，尊重女性，使一切女子受平等福，离百恶恼；世尊第八本愿，如实成就。"

己九　魔外归正

"第九大愿：愿我来世得菩提时，令诸有情出魔罥网，解脱一切外道缠缚；若堕种种恶见稠林，皆当引摄置于正见，渐令修习诸菩萨行，速证无上正等菩提！

魔，即魔王，魔子魔孙各有眷属。外，即外道，亦有师徒邪众。魔外众生，难调难伏，如佛世时，虽经佛化，亦难改其魔性。此愿明诸有情为魔外所诱惑而受其影响者，皆使舍邪归正，入于佛法，故云魔外归正。梵音魔罗，此云扰害者，亦云杀者；能害众生功德善根故，能杀众生法身慧命故。网，以捞捷；罥，以盖罩。以喻魔有魔法，如张网罗，能使水陆空界众生落其网中，唯佛法能救之。盖魔以五欲自恣快乐，亦有其魔之知识、思想、学说、方法，引诱众生入其五欲穀中，迷而忘返。欲入色、无色界，欲趋三乘圣行，皆为障碍。如今世上，亦有学同魔学，想同魔想，行同魔行之人，其于佛教终不生信，而惟耽著五欲，深陷魔网，昏迷失性，反讥佛教为消极，为迷信，则殊可悲愍也！解脱一切外道缠缚者，前言邪魔耽著五欲，此言外道心外取道，坏真实理，修种种无益苦行，备极艰辛,执为最胜,显与众异,亦足惑世！古印度有九十五种外道,或六十二见,或十六种等。今日之世,亦多外道,外道舍正道而别求邪道,由邪师教授教诫,起邪分别,入邪思惟,如飞虫之自落蛛网,如蚕作茧自缠自缚,如蛾赴火自烧自烂,此亦可悯甚矣！堕种种恶见稠林者,恶见,即不正见,或曰邪见,背世出世间之正理而妄计为胜故。见,为明解之义,此其自执道理以为高超,然实非理,即上魔见、外道见也。见有种种,故曰稠林。稠林,谓万树稠密之丛林,一入难出,恶见之广,亦复如是。此等种种恶见众生,由药师本誓愿力故,使其转归正见。正见可有两种:一、世间道德善法之正见;二、出世究竟佛法之正见。然亦可谓以世间善法为正见之基础,以出世佛法为正见之究竟。由此正见故,渐渐修习诸菩萨六度万行之正行,由凡夫经信、住、行、向、地,而入无上正等菩提也。此中言魔,总包烦恼魔、五蕴魔、死魔、天魔等;而耽五欲之欲界魔,即属天魔。此等诸魔,易入难出,唯仗佛法解脱之耳。又魔通于惑、业、苦三,烦恼魔及外道恶见稠林,皆为惑业之法;是故药师缘集谛境,发此大愿,使诸有情解脱邪外之魔难也。

药师法会愿云:"第九遵行世尊本愿,树立正法,降伏邪见,使一切正法并育并行,永离缠缚;世尊第九本愿,如实成就。"

己十　解脱忧苦

"第十大愿：愿我来世得菩提时，若诸有情王法所加，缚录鞭挞，系闭牢狱，或当刑戮，及余无量灾难凌辱，悲愁煎逼，身心受苦；若闻我名，以我福德威神力故，皆得解脱一切忧苦！

此愿标解脱忧苦者，以愿令一切有情为王法所加等苦，皆使之解除故。王法者，古代依帝王立国，故言王法；如今民国以民立国，即言国法。王法、国法，皆是法律，法律之所以立者，作公众利益之保障，为社会人民之准绳，侵害公众利益者惩之，被侵害者保障之。人类本来无需法律，然人自相侵扰，故不得不有法律以维持社会之治安、秩序也。中国古代，立有笞、徒、流、绞、斩、五刑：缚录鞭挞即属笞刑；系闭牢狱为徒刑；戮为杀戮，因犯重罪，即处死刑，此属斩刑之类。盖人生在世，不能离社会而独立，既依赖社会而生活，自然不能离去种种约束而须受约束之支配，此人类痛苦所以与生俱来也。庄子云："有人者累，有于人者忧。"如一家之主，即须担负全男女老幼之责，此所以有人之累；人依赖人，此人即为彼人所有，而须遵其约束，此所以有于人者忧。故人类相处国家社会中,既有公私利害之冲突,自有法律处置,使之得当。如佛教丛林寺院之有共守规约,犯之则罚,此人生本身必受之忧苦也。又受自然界之忧苦亦不能免:如乐日光浴,热暑则苦;如乐风调雨顺,而暴风狂雨齐来则苦;如舟车代步,而出轨覆没则苦;他如洪水猛兽等,皆自然界不能避免之苦。欲除痛苦故,惟有仗多人团结之力量,与自然奋斗,制服自然。从自然界推至人与人相处之间,则强凌弱,众暴寡,盗贼蜂起,匪窃猖狂及国际战争等,皆为人与人间必受之忧苦。是知人有依本身之苦,处自然界之苦,人与人间之苦,故有无量灾难凌辱,悲愁煎迫,身心受苦。灾与祥反,非意料所及之厄事发生皆为灾难;难读去声,为苦难、厄难、困难之难。凌,为凌逼。痛苦加身,即受凌辱,因凌辱故悲愁煎逼,如热锅中油煎火逼,身心受苦。受,有苦、乐、忧、喜、舍之五受:身受有苦、乐、舍——舍即不苦不乐中庸之境——三受;心受则加忧、喜为五受。苦等三受,为现前身心上所受之境;忧喜二受,或缘过去苦乐二境,或缘未来苦乐二境而起。此五受中,不但恶趣众生常在忧苦之中,即人道众生,亦常多忧苦,所谓"人生在世,苦多乐少";"人生若梦,为欢几何",皆忧苦之反映。推至天趣,则欲界虽乐多苦少,然至五衰相现,忧苦不免;色无色天虽无忧苦,然定坏时,不免生灭迁流之苦;故唯涅槃,方离一切忧苦。诸有情类,无时不在忧苦交迫中,但由药师本誓愿力,及佛果威神力,能使一切忧苦得大解脱。经云:"三界唯心,万法唯识。"众生迷心识故,执重外境,忧苦事多;若觑破诸法由心识所现,不起重执,则虽有忧苦亦若忘失矣。如一心诵持药师佛名号,感其威神力故,心得安定,则虽处无量灾难之境,亦不觉其灾难忧苦矣。故此愿中,可得二重解脱:一、能使诸有情,心得安定,解脱忧苦;二、能使诸有情,业果转善,得幸福报。

药师法会愿云:"第十遵行世尊本愿,改良刑政,实施感化,使一切人民不触法网;即有犯者,在狱获教,出狱获养;世尊第十本愿,如实成就。"

己十一 得妙饮食

"第十一大愿:愿我来世得菩提时,若诸有情饥渴所恼,为求食故造诸恶业;得闻我名,专念受持,我当先以上妙饮食饱足其身,后以法味毕竟安乐而建立之。

此愿愿令诸饥渴有情,先得上妙饮食,后得甘露法味,故标以得妙饮食。盖衣食住行，为人类生存之要素，而尤以饮食为最，无饮食即不能生存，故佛言："一切有情，皆依食住。"无食则饥，无饮则渴，饥渴故烦恼——恼为十小随烦恼之一——烦恼故心愤，心愤发故，欲觅饮食，造诸恶业。故今日之世界，或个人，或民族，种种阶级争斗，皆为解决饭碗问题；即西洋人所谓面包问题。因饭食不给，生活难以维持，环境逼不得已，杀人放火，无所不为矣。故欲社会安定，须先解决民生问题，人民衣食丰足，盗匪窃贼即无由起。由此观之，盗匪窃贼不但情有可原，抑须力谋救济。是以药师发愿，若诸众生闻其名者，先令饮食饱满，解除苦恼，安住有漏善道；进以无漏法味，使之成贤成圣，乃至佛果，亦古人所谓"富而后教"之意也。得世间饮食，唯身体快乐；得出世法味，则精神兴奋，力图上达，虽稍饥渴亦不造业，此皆由法味之功。若唯饮食，则饮食穷时，必复造业受苦，故须由无上法味，方获毕竟安乐。先哲所谓"衣食足而知礼义，仓廪实而识廉耻"；此亦言先使衣食丰足，方能安心修德，再进而以佛法法味为食，禅悦为食，皆得毕竟安乐而建立之。毕竟安乐者，即发大心，修大行，不退转于大般涅槃者也。

此中以禅悦法喜之味为食者。前引佛言"一切有情皆依食住”,食有四食:一、段食,段为形段,欲界众生所有物质饮食,皆有空间的或时间的形段,如色、香、味、触等是为段食。二、触食,眼触色,耳触声,鼻触香,舌触味,身触细滑,意法处,由六根发六识触六尘者,皆为触食。三、意思食,即以意识希望之思为食,如人怀希望心,虽经千挫百折而希望心不死,亦得延其生命。四、识食,识食与前食不同,前属意识及其意根,为第六识与第七识;今此识食,为有情生命所依之本体,属于阿赖耶识。盖此识受诸识熏习成为种子,由种子复起现行,由此识食资持业果生命不绝,是故一切众生皆依食住。不但三界众生依食而住,即出世菩萨亦依禅悦法喜为食,辗转增胜,而长养其法身慧命也。至诸佛位,转识成智,圆满法身慧命,故不依食而住。佛法无边,随拈食之一法,义深无量。

药师法会愿云:“第十一遵行世尊本愿,政重民生,普济民食,使一切人民饮食供给无有乏少;更施教育,培其智德,令生安乐不遭苦难;世尊第十一本愿,如实成就。”

己十二　得妙衣服

“第十二大愿:愿我来世得菩提时,若诸有情贫无衣服,蚊虻寒热,昼夜逼恼;若闻我名,专念受持,如其所好即得种种上妙衣服，亦得一切宝庄严具，华鬘、涂香，鼓乐众伎，随心所玩，皆令满足。

　　此愿愿诸有情，得种种上妙衣服，及一切宝庄严具，而以衣服为主，故标得妙衣服。愿诸有情得衣服者，衣服有两种作用：一、可遮避寒、暑、蚊、虻等侵袭，为卫身之工具；二、衣以罩身，覆蔽丑陋，为严饰之具。若约广义言之，则一切房舍器皿舟车等，凡是使身住行娱乐之具，皆摄属之。今贫无衣服者，非特无妙丽庄饰之衣服，即遮身卫体之衣服亦不能给，故为蚊虻、寒热昼夜逼恼。但由佛之愿力加被，闻佛名号，专念受持，则不唯得卫身衣服，亦得一切美丽庄严衣服。又遂其愿之所欲，获得一切庄严宝物。所谓"富润屋，德润身"，故一切房舍器具，皆成宝庄严具。华鬘，即结花成串悬挂者。涂香，即香水等。鼓乐，即音乐。众伎，盖既得上妙衣服，须有严身众具，力配严饰；又因房舍等庄严故，而作种种倡伎歌舞，娱乐人生，随意所欲，游嬉自在。如是，依药师之愿力，使众生得衣食丰富，受用庄严，则现实人生之社会，即可以优美化、艺术化，较之东方之琉璃与西方之极乐，不远矣。

　　上来自第七愿至十二愿，皆缘苦集二谛境而发，使众生断惑离苦者。故今日吾人若个人，若学校，若宗教，若政治，若欲改造社会而安定社会者,皆可依药师愿行实践也。故戴氏等发起在宝华山,修建药师法会,亦由观察今日中国情状及世界之趋势,欲改造转变其命运,唯依药师之方法,最切实际,故发愿遵行。由上观之,吾人能依药师发愿,或求个人幸福,或求社会幸福,立出标准方法为人生观,依之实行,自力加行,不赖他人,则得两种利益:一则自增福德;一则改善或创造新的中国或世界。如是,方称真实闻名受持,不辜负药师佛矣。

药师法会愿云:"第十二遵世尊本愿,衣住行等一切施为,决依总理遗教,尽力推行,生产分配,咸令得宜,使人民生活所需,无有不足,节之以礼,和之以乐,五福俱全,文明鼎盛;世尊十二本愿,如实成就。"

戊三　结成妙愿

"曼殊室利!是为彼世尊药师琉璃光如来、应、正等觉行菩萨道时,所发十二微妙上愿。

此为结成上来十二妙愿。妙愿者,显此十二大愿极微妙殊胜故。如来、应、正等觉,为十号中三号。

丁二　果德

戊一　说略指广

"复次、曼殊室利！彼世尊药师琉璃光如来行菩萨道时所发大愿，及彼佛土功德庄严，我若一劫、若一劫余，说不能尽。

此为别陈行果中第二明果德，果德即由本地因行所修成之佛果功德。于中分三；今初说略指广，明此文相虽略，详言之，则甚深无量。

复次，承上起下之词。此为释迦佛总告曼殊，彼药师如来因中所发誓愿，不思议力，无量无尽；其佛果所成三十二相，八十种好，十力，十八不共法，四无所畏等威德，及其琉璃国土庄严，亦皆无量无尽；我若一劫、若一劫余，说不能尽。劫者，梵音劫波，此译时分，即时间或时代。但唯言时分，或时间、时代，则儱侗不能指出久暂几何，故劫有两义：一、通义，即如言时分、时间等，自一刹那、一忽、一秒，乃至万年亿兆兆年，皆为时分、时间或时代之通称；是则一劫之言指一刹那耶？抑万年万万年耶？殊不易别，故有第二别义。别义者，即经中所说小劫、中劫、大劫。若唯用一劫字，即指大劫而言;若作小劫、中劫时,即以小字中字标明故。大劫解释,经论不一,大抵谓世界经一度成住坏空为一大劫。但此世界,非仅吾人所居地球。一地球一日月轮等组成一小世界,乃由千小世界组成一小千世界,千小千世界组成一中千世界,千中千世界组成一大千世界。此千兆地球千兆日月轮所组成之大千世界,与天文学家所谓之星云系,星海系相等。此大千界最初空洞,渐次而成,渐次而住,渐次而坏;如一小孩,未生尚无此人为空,生后渐长至十八岁或二十岁为成,自二十至四五十之壮年为住,自是以后,渐趋衰老而至灭坏,复归于空。故其成非一朝而成,坏亦非一夕而坏也。经论中通说:由二十小劫成一中劫;由四中劫成一大劫。一小劫假设以世界人类之岁月为标准而言,则如一个八万四千岁之人,经百年减一岁,乃至减至十岁,为一减;复由十岁倍增廿岁,廿岁倍增四十岁,如是增至八万四千岁,为一增;如是辗转一增一减为一小劫,此其时间已超吾人思量之境,则出二十小劫积成之中劫,八十小劫积成之大劫,其时间之渺远为何如矣!今言药师之功德,若一劫,若一劫余,皆说不尽,则其功德之无穷无尽可知矣!

复次,大劫由空而成,其先成者,为大梵天,由大梵天而成梵辅天、梵众天、而欲界诸天、而人间、而三恶趣；其坏时则先坏三途，次坏人间，次坏欲界诸天，次坏梵众、梵辅，最后坏大梵天；故成时则由上而下，坏时则由下而上也。而大梵居成之初，坏之后，故其寿命最长六十小劫。因此，大梵尝以世界之父主自居。但此不过一小世界主耳，非小千中千大千世界主也。然大梵既居为父为主之地位，能生万物，主宰万物，有此思想，有此理论，故在其下之众，亦奉之以为父为主，作为依归。但自佛教观之，彼大梵天虽为一小世界之主，实不为一小世界中众生之父，盖其六十小劫未生之前，亦由众缘和合，随业感报而生；六十小劫既坏之后，亦由业尽报终，众缘离散而灭。大梵因福业之胜，感受大梵天福报，福穷则大梵天之报亦灭，安有所谓纲维万物主宰万物者哉！

戊二 举西喻东

"然彼佛土，一向清净，无有女人，亦无恶趣，及苦音声；琉璃为地，金绳界道，城、阙、宫、阁、轩、窗、罗网，皆七宝成；亦如西方极乐世界，功德庄严，等无差别。

此以西方极乐世界之功德庄严,喻东方琉璃之功德庄严,等无差别,故标名举东喻西。彼琉璃世界,因药师之愿力所成,一向清净;其教化众,若主若伴无有女人。古今学说,有以世界源清流浊,如中国之道教,明世界本自然虚无清净,后因刁巧讦诈,即流为浊;有以世界源浊流清,如西洋之进化论,谓自蠢浊野蛮进至文明优美,然皆不及琉璃世界,一向纯清洁净,绝诸杂染。又净土者,对秽土说,如娑婆秽土,以众生堪能忍苦得名,远非净土可比。无女人者,非指其土专有男人,盖男女乃相形相对而立,无女相故亦无男相,其土众生,纯属清净化身,无卑劣相,唯丈夫相,如色界天亦无女人;故其既无女形,即超欲界宇宙,以欲界为五趣杂居,一切皆有阴阳性故。阴阳性中含矛盾性,相反相成,由矛盾暂得统一调和而生,亦由矛盾终必分散离别而坏。由此欲界五趣杂居,如人同分中,有阴阳男女性别,阳胜阴劣,差别见生,乃至其余诸趣亦复如是;故唯净土无男女相,具足丈夫清净庄严相也。恶趣者,有三恶趣,即地狱、饿鬼、畜生,若立阿修罗,即有四恶趣;但阿修罗福大,居天鬼之间,非专恶趣。又阿修罗、乾达婆等,皆为杂趣所摄。彼佛国土,既超欲界,何有恶趣？即苦之音,亦不可得。《弥陀经》云:"彼佛国土,尚无恶道之名,何况有实。"东西虽别,净土一也。其土清净,琉璃为地,往来之道,金绳为界。城,为聚居处之界垣,如本寺之围墙。阙,乃二重台观间之阙道,亦即城门上之楼屋。宫,为高深广大之厦。阁,为楼阁,乃屋宫上之小楼。轩,乃屋檐,屋檐间横屋亦曰轩;轩之本义,乃车前之檐高起者,故屋檐前高朗之屋,亦称为轩。窗,即窗户,亦通车轩上之窗户。罗网者,以宝丝网罗覆空中,亦通车上之幰盖。七宝者:金、银、琉璃、真珠、玛瑙、珊瑚、琥珀。七宝为世间所珍贵,举以喻其世界庄严,与西方之极乐相类。以此经恰说在阿弥陀或无量寿或观无量寿经后,故举极乐依报庄严以比观琉璃之依报庄严也。

戊三　赞伴显主

"于其国中,有二菩萨摩诃萨:一名日光遍照,二名月光遍照。是彼无量无数菩萨众之上首,次补佛处,悉能持彼世尊药师琉璃光如来正法宝藏。

主,即药师;伴,乃辅弼左右之日、月二菩萨。药师功德不可思议，故赞其伴以显其主。梵语刹多罗，此言国，或言土，或言世界。但经中言国土世界，亦异亦同：如经中言摩竭提国、迦毗罗国等，则与今世所言之国家相等。若言药师佛国、极乐国土等，即与世界相类。此言于其国中，即指药师佛国。日光、月光，皆系正报庄严。前第一愿云"愿我来世得阿耨多罗三藐三菩提时，自身光明，炽然照耀无量无数无边世界"至"令一切有情，如我无异"。是则其土佛及众生，皆已如琉璃，光明炽然，内外明彻；日月之光，如萤火耳，何足比耶？又如空居天以上自身有光，即不须日月。则日月之光，于今日吾人所居黑暗无光之地球照之则可，于琉璃世界则何须此耶？盖琉璃前曾喻之如蔚蓝清空，此蔚蓝清空，固晶莹明洁，然若加之以日月光，则更显其清且明矣。故日月之名，乃依此土而立喻，显此二菩萨为彼众中之上首，位居等觉，次补佛处，如此界之文殊、弥勒，极乐之观音、势至，皆如众星中之日月也。又日光补药师之后，月光补日光之后；亦犹弥陀、观音、势至之相继。正法宝藏者，诸佛之心印，众生之慧命，修行之途辙，非位居等觉之大士，焉能胜此传持不失之任？由信受药师之正法宝藏而得理解，由理解而实行，由实行而取证，方可谓之悉能受持。又正法住世，如佛日丽天，燃智慧炬,摧邪见幢,为无量功德法财所聚集之处,故曰宝藏。由有信解行证之人,方可传持流通,否则散失隐没,佛种不发;故药师之教化,即由是两菩萨之流传得以行世也。是两菩萨之功德如是,则其佛之功德更可显知矣。

丙三　劝信愿生彼

"是故曼殊室利! 诸有信心善男子、善女人,应当愿生彼佛世界。"

既明彼佛依正庄严功德,故劝有情发愿求生。比丘、沙弥、优婆塞,皆得名善男子;比丘尼、沙弥尼、式叉摩那、优婆夷,皆得名善女人。此之七众弟子,若具信心,皆得往生琉璃世界。盖佛法如宝藏,非信手莫能入;信为道源功德母,长养一切诸善根。若信自心量同法界,十方佛土唯心所现,《维摩诘经》所谓:"众生心净故国土净;众生心垢故国土垢。"则是心是佛,是心作佛,发愿修行,求生不离自心之药师琉璃世界,何难之有? 又、此经明佛果功德,劝信求生,亦如弥陀等经之劝发愿往生。复次、由修持故,感药师之加被,得现生之受用,则如真言密咒所明利益。故前言此经之通净、通密,信非虚也。上明此经体相文竟。

释　经　2

尔时，世尊复告曼殊室利童子言："曼殊室利！有诸众生，不识善恶，惟怀贪吝，不知布施及施果报，愚痴无智，阙于信根，多聚财宝，勤加守护。见乞者来，其心不喜，设不获已而行施时，如割身肉，深生痛惜。复有无量悭贪有情，积集资财，于其自身尚不受用，何况能与父母、妻子、奴婢作使，及来乞者？彼诸有情，从此命终生饿鬼界，或傍生趣。由昔人间曾得暂闻药师琉璃光如来名故，今在恶趣，暂得忆念彼如来名，即于念时从彼处没，还生人中;得宿命念,畏恶趣苦,不乐欲乐,好行惠施,赞叹施者,一切所有悉无贪惜,渐次尚能以头目手足血肉身分施来求者,况余财物?

此乃正说分中第二明机益,说明当机众生所获之利益,为药师如来因果功德体上所起之妙用;故明机益之文,亦为此经最要之义。

此明灭贪吝得能施益:善之与恶,原本一心,众生之不识善恶,即不识自心。以不识自心,迷心为境,逐物流转,惟怀贪吝,正显迷境逐物也。例如资生财物,不过为维持此五蕴假聚身心一期之生活而已,逾此即为无用。况资生财物经济之来源,非少数人力所构成,乃全社会共业所给予者;于维持个己或家庭之生活外,而起无厌追求聚敛积货,而自傲为豪富者,其为无智愚人可知。第一、不知布施及施果报之社会经济的构成,社会经济原为维持全社会人群生活之幸福,倘被少数人聚敛集中,则多数人必失其生活维持之能力,引起劳资之斗争,毁灭人生之幸福,此为不布施及不布施必然之果报。究其致此原因,由于第二愚痴无智,阙于信根,于人生真义未有认识之故。盖吾人之五蕴假聚之身,及维持此生活之资生财物，无非由众缘所成，决不能离开一切而独生活于天地间。我既如是，他人亦然，缘缘相涉，无少偏倚，何处有我？何处有人？何处有物？故能了知一切诸法自性皆空。而人生之最有价值者，是在此众缘中，参透此人生之真相，方得卓立在人生最高峰之上，而为随流把得定之人也。阙无信根之人，于人生真谛，无尊崇信仰之心，无超绝之智慧以了达人生之真相，起我相、人相、物相，于己所无者起贪求业，多聚财宝，于己所有者起鄙吝业，勤加守护，所谓"拔一毛利天下而不为也"。设处于强有力者之下，非行施不可时，亦唯有忍痛割与而已。然财物原为资持生活而产生，世亦有人貌似乞儿，富堪敌国，刻薄寡恩，涓滴不漏者，不唯失其资生为财之意义，实亦失其人之所以为人之真意义！此愚痴贪吝之人，生既有害于社会，死固当堕于饿鬼、傍生之道矣！

由昔人间下，正明灭罪得益。由药师如来本愿功德之力，虽此人贪吝业重，但能暂闻彼佛名号，播入阿赖耶识田中，以佛之愿力加持故，赖耶识中之佛种子，得起现行，脱恶趣苦，还生人中，得宿命念。此宿命念，即能引发智慧，了达人生之真相——事物缘起之原理——故能一反前生贪吝之业，好行惠施，乃至不惜身命布施。布施之境造诣乎此，必已达五蕴、十八界、十二处,乃至一切诸法无实我无实法,缘生性空之我法二空智,故能舍国城如敝屣,施头目如弃唾,饶益众生,净佛国土,是谓知布施及施果报之得益者。究其发心之动机,及中间维扶之力,皆由药师如来本愿功德威神加被而致也。

己二　灭毁犯罪得持戒益

"复次、曼殊室利! 若诸有情,虽于如来受诸学处,而破尸罗;有虽不破尸罗而破轨则;有于尸罗、轨则,虽则不坏,然毁正见;有虽不毁正见而弃多闻,于佛所说契经深义不能解了;有虽多闻而增上慢,由增上慢覆蔽心故,自是非他,嫌谤正法,为魔伴党。如是愚人,自行邪见,复令无量俱胝有情,堕大险坑。此诸有情,应于地狱、傍生、鬼趣流转无穷。若得闻此药师琉璃光如来名号,便舍恶行,修诸善法,不堕恶趣;设有不能舍诸恶行、修行善法、堕恶趣者,以彼如来本愿威力令其现前,暂闻名号,从彼命终还生人趣,得正见精进,善调意乐,便能舍家趣于非家,如来法中,受持学处无有毁犯,正见多闻,解甚深义,离增上慢,不谤正法,不为魔伴,渐次修行诸菩萨行,速得圆满。

此明犯戒有情,由闻药师名故,罪除福得;非仗药师之愿力,其得益不能如是神速。有情,乃众生之异名,人人有命根与爱欲情见而成为人,故曰有情。诸有情通于六凡,今唯指人道而言。如来为比丘制二百余戒,比丘尼三百余戒,优婆塞、优婆夷等五戒。七众弟子各有别解脱戒。凡受戒者,宜各依是为专精修学之处,故曰受诸学处。尸罗为梵语,正译清凉、安隐、安静、寂灭、四义,傍翻为戒;今即指戒。若受戒而不持戒,即非完器,不能贮物,法身慧命尽为丧失。今诸有情,虽受七众学处,而不如法受持,则破尸罗矣。复有有情不破尸罗而破轨则者,尸罗持戒,为个人道德之修养,破之犹轻;至于轨则,乃维持公共道德之律条,犯之则重。如国家之有公法,可为惩戒,丛林之有清规,可为制裁。若佛律之有犍度,犯戒法者,须作羯磨以求忏悔。故破轨则,即是破坏公共道德。有虽不坏尸罗、轨则而毁正见,则其罪尤进一层。见,为分别,即是思想,毁坏正见,即思想犯罪,意业犯罪,较之行为犯罪尤过。正见,有世间正见、出世正见。世间正见,即信伦常道德,应行者行,不行即毁。如今欧风东渐,嗜于物欲者,谓将古代道德学说行之于今日人与人之间,即认为作道德之奴隶;若操诸政治,即认为愚民政策,高唱个性自由意志之发展。试问此个性思想即无错谬耶?实则如任各人个性之所欲为,思想行为各趋歧途,国家即紊乱难治矣。出世正见者,佛法在世间,不离世间觉,即于蕴、界俗谛、处等诸法中,窥见诸法实性之真谛理,信有菩提可求,涅槃可证,乃是正见。故不信世间道德,即坏俗谛正见;不信出世真理,则坏真谛正见。破戒毁不正见,尚有惭愧,罪可忏悔;若毁正见,造阐提业,不可救药。复有弃多闻者,拘于一曲知见,得少为足,不求知识开示,不听明师说法,故于契经深义无由解了。契经者,佛所说法,契理、契机,妙义重重,深广如海,若非多闻,何能领悟?又佛教重闻、思、修三慧,为如来之慧命,若不多闻,不能引发思、修,纵有思、修,盲修瞎练而已。如宗门流毒,往往执住一句话头,即弃三藏不闻。试问此一句话头,即摄三藏尽耶?若有未尽,即弃多闻,失闻慧命。又虽多闻而增上慢者,不识文字般若,原为方便法门,但依于文,不依于义,不知从心理上做体验工夫,咬文嚼字,自蔽其明,居高凌下,目空乾坤,甚至呵佛骂祖,嫌恶诽谤于正法,非魔而何!吾人之心地本如琉璃,内外明彻,由此慢病,如乌云覆蔽清空矣。是皆由闻而不起正思,故流于邪魔。此类有情,愚痴迷昧,不了真谛,由邪思维而起邪修行,自行教他,自害害人,不但自堕地狱险坑,亦使无量亿数——俱胝——有情堕于三恶道,辗转无穷,永无出期,苦不可言!

若得闻此药师下,正明灭毁犯罪得持戒益。唯有闻此药师如来之名号,由此如来本愿力故,使此罪大恶极之众生,换面洗心,痛改前非,舍恶修善,不堕恶趣;所谓"放下屠刀,立地成佛"是也。即使堕于恶趣,由如来本愿力,暂闻名号,一历耳根,永为道种,恶趣命终,还生人间。或因佛力,忆念前生堕落因缘,于是正见多闻,正思正修世出世间之道德真理,勇猛精进,善调意乐。善调意乐者,即定慧均平,由定故心如古井之水,秋空之天,豪爽自在;由慧故,世出世法,明察秋毫,意乐自在。但有慧无定,流于掉举,有定无慧,易入昏沉,故须定慧平均,方能善调意乐。由定慧均调故,即能舍家趣于非家。非家,即出了家。出家有四种料简:一、身出家而心非出家,阿难所谓"身虽出家,心未入道";二、心出家而身非出家,如净名居士等;三、身心俱出家,如大阿罗汉比丘僧,身具僧相,心修梵行;四、身心俱非出家,如普通俗人。今此出家,自理而言,亦可说出烦恼生死之家,入如来法王之家;盖定慧均调必能断诸烦恼生死之因,则烦恼生死果报之家亡矣。受持学处,不毁正见,乃至行菩萨道,速得圆满,是皆因药师愿力,舍恶修善,入三摩地,渐渐取证佛慧也。

己三　灭妒碍罪得解脱益

"复次、曼殊室利!若诸有情悭贪、嫉妒,自赞毁他,当堕三恶趣中,无量千岁受诸剧苦!受剧苦已,从彼命终,来生人间,作牛、马、驼、驴,恒被鞭挞,饿渴逼恼,又常负重随路而行。或得为人,生居下贱,作人奴婢,受他驱役,恒不自在。若昔人中曾闻世尊药师琉璃光如来名号,由此善因,今复忆念,至心归依。以佛神力,众苦解脱,诸根聪利,智慧多闻,恒求胜法,常遇善友,永断魔胃,破无明壳,竭烦恼河,解脱一切生老病死忧悲苦恼。

悭贪者,鄙吝不施,殉财无厌;嫉妒者,不耐他荣。此皆由无远识,无大智,心量狭窄,故造自赞毁他之业。《瑜伽菩萨戒本》所谓："他实有德,不欲赞美,他实有誉,不欲称扬。"
由此钩心斗角,造诸恶业,当堕恶趣受大剧苦。恶趣苦尽,
来生人间,报感畜类,则备受夏楚之苦;或感人道,作人奴
婢,不得自由。此恒被鞭挞,即嫉妒之余报;饥渴逼恼,即悭
贪之余报。天网恢恢,疏而不漏,善恶昭彰,因果难逃,此之
谓耳!

　　自若昔人中下,正明灭妒罪得解脱益。此类有情,由昔
曾闻药师名号,种下善因,今以佛力加故,如春雷春雨之击
发,使其识田中之种子起现行而萌芽,归诚三宝,解脱苦因,
不受苦果。转昔日之正报残缺,得今日之诸根完具;转昔日
之愚痴鲁钝,得今日之聪明智慧。魔罥者,即魔之罥网,今既
恒求胜法,常遇善友,多闻智慧,常生正见,心身性命皈依三
宝,自然不落魔之罥网矣。无明壳者,谓众生常为无明烦恼
所困缚,不知诸法之真谛,堕在黑漆桶中,喻之以壳;今智慧
光明现前,无明之壳照破矣。烦恼河者,谓三惑烦恼,能使众
生长沦漂溺,喻之为河,今修戒定慧三学,断除三惑,烦恼之
河竭矣。无明烦恼之因既穷,则生死之果亦尽,忧悲苦恼不
可得矣。人生在世,生老病死谁人能免? 略言之,则为生死;
生死有分段生死与变易生死,证二乘圣果即出三界分段生

死,证大菩提果则变易亦亡。此破无明壳,竭烦恼河,解脱一切生老病死,即超变易而证究竟菩提佛果者也。

己四　灭恼害罪得安乐益

"复次、曼殊室利！若诸有情好喜乖离,更相斗讼,恼乱自他,以身语意造作增长种种恶业,展转常为不饶益事,互相谋害。告召山林树冢等神;杀诸众生,取其血肉祭祀药叉、罗刹婆等;书怨人名,作其形像,以恶咒术而咒诅之;厌魅蛊道,咒起尸鬼,令断彼命,及坏其身。是诸有情,若得闻此药师琉璃光如来名号,彼诸恶事悉不能害,一切展转皆起慈心,利益安乐,无损恼意及嫌恨心,各各欢悦,于自所受生于喜足,不相侵凌互为饶益。

恼害者,以众生迷昧无知,于诸法中,计我人自他之相,由此起贪、瞋、痴业,顺我者贪,逆我者瞋,而根本由于无明痴。内贪、瞋、痴故,外杀、盗、淫,身口七支互相恼害。好喜乖离者,即两舌——说离间语,向此说彼,向彼说此——是愚痴也。又乖离与和合相反,如僧伽称和合众,有理和事和:理和,即由共同智慧所见之共同真理思想,真理思想既和,则所发出之事相行为亦和矣。故小自一家庭、一社会,大至全世界之人类,各能和合,则世界即可相安无事;否则此亦一是非,彼亦一是非,斗乱诤讼之事起矣!是皆瞋也。或口诤,或笔战,或吃官司曰讼,讼之不已,拳棒交加曰斗,终至头破血流,两败俱伤,恼害自他。身、语、意为三业:身杀、盗、淫,口妄言、绮语、两舌、恶口,意贪、瞋、痴。如是三业辗转,斗诤恼乱,常作不饶益事,所谓"一见冤家,分外眼红"。我以权势害彼,彼以智巧害我,互相恼害。又权势智巧皆不及人者,则不得不出此下策:或告召山林树冢等神,向他哭诉,令断彼命。或杀诸众生,取其血肉以献媚祭祀药叉、罗刹等鬼,令断彼命。药叉是捷疾鬼,罗刹是啖人鬼,唯啖生人;若死尸臭烂者,咒起食之。或作人形像,书彼生辰八字,以恶咒诅之,令彼断命;如西藏之黑教,多干此等勾当。或以魇魅蛊道等他鬼,加害于人。或以毗陀罗咒咒尸令起,教执刀杖,令断彼命。如是等类,皆以力不及人而暗中害彼冤家,以断其命者。

　　自若得闻此药师下,正明灭恼害罪,得安乐益。是诸被难有情,由仗药师如来本愿功德,彼诸恶鬼、恶事,皆不能相害,且能转令恶鬼、恶人,起慈能与乐之心,成善人善鬼,不相侵害，互相饶益。彼此眼见色、耳闻声等所受用物，无非在欢悦和气中生活着，协力同心，和衷共济，建立社会道德的互助基础；则由嫌隙怀恨之心而起的斗讼乱子无从发生，人类可趋和平矣。

戊二　往生益
己一　化生宝华益

"复次、曼殊室利！若有四众——苾刍、苾刍尼、邬波索迦、邬波斯迦——及余净信善男子、善女人等，有能受持八分斋戒，或经一年、或复三月受持学处，以此善根，愿生西方极乐世界无量寿佛所听闻正法而未定者，若闻世尊药师琉璃光如来名号，临命终时，有八大菩萨，其名曰：南无文殊师利菩萨，南无观世音菩萨，南无得大势菩萨，南无无尽意菩萨，南无宝檀华菩萨，南无药王菩萨，南无药上菩萨，南无弥勒菩萨。是八大菩萨乘空而来，示其道路，即于彼界种种杂色众宝华中，自然化生。

此文显不但由药师佛力消灾延寿，且能于临命终时决定往生。四众者：一、苾刍，见前释。二、苾刍尼，乃出家女众之通称。三、邬波索迦，此云近事男。邬波斯迦，此云近事女。此为在家二众近事三宝者。及余净信善男子、善女人等，即指沙弥、沙弥尼、式叉摩那及受三归未受五戒等人。八分斋戒者——分者、支也——一、不杀，二、不盗，三、不淫，四、不妄语，五、不饮酒，六、不着香花鬘，不香涂身，不歌舞伎倡，七、不坐高广大床，八、不非时食。前七为戒，后一为斋，故名斋戒。此八分斋戒。未受五戒者，亦可受持；已受五戒者，亦可于每月初八、十四、十五、二十三、二十九、三十——月小加二十八——之六斋日，持此八分斋戒。或经每年正月、五月、九月，年三长斋月，受持八分斋戒，功德尤胜。以佛说四天王于此三月中正巡至南赡部洲，持斋修福者功倍于常。如是等人，受持学处，种种功德，回向发愿，欲求生西方极乐世界，亲觐弥陀，听受正法，而心未决定者，由药师如来本愿功德力故，临命终时，有八菩萨乘空而来，示其道路，导其往生于净琉璃土种种杂色宝花之莲池中，自然化生。杂色者，如《弥陀经》所云："青色青光，黄色黄光，赤色赤光，白色白光。"八大菩萨者，藏中三译，皆无其名；义净法师译本，且作"有八菩萨乘神通来，示其道路"。八菩萨名，乃依灌顶经添入，故今不释。然此有疑者,闻药师佛名,往生药师净土,何须八大菩萨助之往生耶?又何必于欲生西方未决定者乃导之往生耶?则因药师佛法门,以消灾延寿为主,往生净土乃其兼带之益,而欲生西方者,即属净土之机;又未决定,将致功行虚弃,以其与药师佛缘熟,故由此土名称普闻众所崇敬之八菩萨,助生琉璃国耳。

己二　或生天人益

"或有因此生于天上,虽生天上,而本善根亦未穷尽,不复更生诸余恶趣。天上寿尽,还生人间,或为轮王,统摄四洲,威德自在,安立无量百千有情于十善道;或生刹帝利、婆罗门、居士大家,多饶财宝,仓库盈溢,形相端严,眷属具足,聪明智慧,勇健威猛,如大力士。若是女人,得闻世尊药师琉璃光如来名号,至心受持,于后不复更受女身。

前由药师佛力往生净土,此由药师佛力,亦或生天。天,即三界二十八天,欲界四天王等六天;色界初禅天、二禅天、三禅天、四禅天等十八;无色界空无边处等四天,合有二十八天。但生天为有漏善因，招有漏乐果，天福尽时，犹须堕落。如昔人生非非想天，犹堕作牛领中虫，诚所谓"纵使修到非非想，不及西方一去来"。永嘉大师云："住相布施生天福，犹如仰箭射虚空；势力尽，箭还坠，招得来生不如意！争似无为真实门，顿超直入如来地！"但此因闻名功德，虽生天上受上妙乐，而本善根犹未穷尽，故不堕恶趣。还生人间，作转轮王，统摄四洲，威德自在。轮王有四：一、金轮王，二、银轮王，三、铜轮王，四、铁轮王。四洲者：一、东胜神州，二、南赡部洲，三、西牛贺洲，四、北俱卢洲。此四称洲者，以其居须弥山之腰身，为七重碱水海所包绕也。铁轮王掌南方一洲，铜轮王掌南西二洲，银轮王掌南西东三洲，金轮王则掌四洲，故曰统摄四洲。其称为轮王者，以其生时现有宝轮，王时御此宝轮巡礼四洲故也。此金轮王具足七宝、千子，能以威德感化四天下有情，修十善道，故曰：安立无量百千有情于十善道也。十善者，与十恶反，见前。

或生刹帝利、婆罗门等，正明或生人道，亦得利益。刹帝利为印度四姓之一，即王族。婆罗门、居士，俱见前释。生于此等大家，衣食丰富，财宝无量，外则相貌端严，人见钦悦；内则聪明智慧，知书达理。且具威猛尚武之精神，为人类之英雄力士。此一面固由自修善行，一面实因药师功德有以致之也。

若是女人，乃明由药师功德愿力，女转男身。盖女人无丈夫相，为人轻贱，多感苦痛，所谓"女人眼泪多"，非痛苦之象征欤！《法华经》舍利弗云："女人身有五障：一者、转轮王身，二者、梵王身，三者、帝释身，四者、国王身，五者、佛身。"今由佛力，转女成男，快乐自由，尽未来际，更不复受女身。此女转男身，亦归往生文摄。

丁二　诵咒利益
戊一　佛观病苦

"复次、曼殊室利！彼药师琉璃光如来得菩提时，由本愿力，观诸有情，遇众病苦——瘦癵、干消、黄热等病；或被厌魅、蛊毒所中——或复短命，或时横死；欲令是等病苦消除所求愿满。"

此乃药师加被益中第二诵咒利益。药师如来因观众生病苦而入定，于光中说咒，灭除众苦，复令闻者辗转持诵，得大利益。自复次下至勿令废忘之文，奘译原无，皆自净译添

103

入者。前来广明药师如来因地如何发种种大愿时,如第六愿云:"闻我名已,一切皆得端正黠慧,诸根完具,无诸病苦。"第七愿云:"我之名号,一经其耳,众病悉除。"故得菩提时,由本愿力,为满本愿故,即观有情病苦而说咒。病苦者,有病故老死皆随之,所谓三苦、八苦、无量诸苦,皆随之而来。瘦癖者,即虚弱病,如骨瘦如柴,弱不禁风。干消,即消渴病。黄,为黄疸黄胖病。热、为热病,及诸伤寒、瘟疫等病。此等诸病,或因先天不足,或因四大不调而起。魇魅,为鬼病,因为鬼所中而病者,如睡时觉有物压于身,欲呼不能,皆为魇魅作祟。或因冤业而病,或因冤家咒召魇魅令生病。蛊道者,蛊字三虫一皿,顾名思义,即可知其为何物。中国民间相传养蛊者,捉多虫置一盆中,以符闭之,诵咒使其互相吞食,强存弱亡,最后留存之一虫,即成为蛊,为虫中之妖精,放之,能于无形中害人成病。故魇魅、蛊道等病,皆由他有情使之而病。由此自病、他病,致遭短命,或横死不能善终其天年。短命、即促短其生命而致夭折。横死者,横读去声,即由横难而死,如横截木身,头尾异处。药师观诸病苦,为入定说咒之动机。既说咒已,令众生病除,满众生愿,亦即满药师本愿也。

戊二　光中说咒

时彼世尊，入三摩地，名曰除灭一切众生苦恼。既入定已，于肉髻中出大光明，光中演说，大陀罗尼曰："那谟薄伽筏帝，鞞杀社窭噜，薜琉璃钵剌婆喝啰阇也，怛陀揭多耶，阿罗诃帝，三藐三勃陀耶。怛侄陀：唵，鞞杀逝，鞞杀逝，鞞杀社，三没揭帝娑诃。"尔时、光中说此咒已，大地震动，放大光明，一切众生病苦皆除，受安隐乐。

咒为方便之用，以定为其本体；故欲说咒，必先入定。如说首楞严咒等，皆先入首楞严等大定。三摩地、即三昧，此译为定，由此定中能发种种神通，种种陀罗尼。但译定者，顺中国之字义；若依义直译之，可作等持。等，谓不偏不倚，即将心力集中，四平八稳，保持不动，岂非定耶？ 故入三摩地，即是入定。唯三摩地乃定之总名，别名甚多：亦曰心一境性，即将心专注一境，使不流散，如是之心即为定；亦曰静虑，即禅那，以心极寂静而能审虑立名；亦曰三摩呬多，译等引，由等持引发深定心；亦曰三摩钵底，译等至，由心等持所至深境。如是诸名，皆为三摩地之别名。但定之功用，各各不同，今所

入之定,名除灭一切众生苦恼,为其特别功用。定能引发种
种妙用,故亦名功德林,亦名功德宝藏。若心在散位,则心为
形役,心随境转,逐物浮沉;若心安定,专于一境,精诚所至,
金石为开,则心能转物矣。然欲界凡夫,皆具散心;即上二界
定力,亦为境量拘限;三乘贤圣展转胜进;唯佛定力,最极随
心自在;此药师所以欲灭除众苦,即有灭除众苦之可能也。
肉髻者,即佛顶隆然而起之髻相,为三十二相之一相,为佛福
德圆满最尊相也。既入定已,从此肉髻中放大光明,然后宣
说陀罗尼咒。此显先由大愿起大悲,入大定,从大福聚中放
大智光而说此咒。陀罗尼,此译总持,明于一句之中,总持无
量功德。又译遮持,遮除一切病苦,保持一切康宁。其功德
广大而不可思议,故言为大。一切咒语本不翻译,即四不翻
中之秘密不翻。但今不妨略示其义。

那谟,译皈依,故敬礼;薄伽筏帝,即薄伽梵,世尊之义;
鞞杀社窭噜,即药师;薛琉璃钵剌婆喝啰阇也,即琉璃;怛陀
揭多耶,即如来;阿啰诃帝,译应;三藐三勃陀耶,译正等觉;
故连合之,即皈依世尊药师琉璃光如来应正等觉,或敬礼世
尊药师琉璃光如来应正等觉。怛侄陀,乃是即说咒曰之义。
自唵至娑诃,方是大陀罗尼咒之正文。药师如来由大悲、大

定、大智而说此咒,总持一切佛果功用,其义无穷,《华严玄谈》所谓"一字法门,海墨书而不尽"。盖此乃药师佛秘密符印,一心诵持,感得药师如来心心相印,即可获大妙用,如秘钥之能开功德宝藏;若无钥匙,虽有功德宝而无法取用之也。唵字,照中国陕西一带古音,应读翁字音,其声较长。唵字总摄四智菩提,清净法界一切佛果无漏功德,扫尽一切染法,圆成一切白法;如《唯识颂》所谓:"此即无漏界,不思议善常,无漏解脱身,大牟尼名法。"

　　咒,为总持,此唵字实为总持之总持,故一切经咒,皆冠以唵字。鞞杀逝,鞞杀逝,鞞杀社,皆药之义;如言:以衣衣之,或以药药之之药,作动词用。鞞杀逝,鞞杀逝,即为药之,药之之义,是医治义;双言药之,含医治自病他病义。鞞杀社,即药,为名词。以药治自病愈,复治众生病愈,故叠言以药之药之也。三没揭帝、即普度义。莎诃,为速疾成就义。综合其意,即祝以药普度一切众生病苦之大愿,速得成就也。

　　药师如来未说咒前,彼琉璃世界众生,或犹有病苦可得;自说咒后,彼界大地震动,普现祥瑞,一切众生病苦皆除,安隐快乐。故自尔时至安隐乐,皆述其界当说咒时之得益也。

戊三　持咒除病

"曼殊室利！若见男子、女人有病苦者,应当一心,为彼病人,常清净澡漱,或食、或药、或无虫水、咒一百八遍,与彼服食,所有病苦悉皆消灭。若有所求,志心念诵,皆得如是无病延年;命终之后,生彼世界,得不退转,乃至菩提。是故曼殊室利！若有男子、女人,于彼药师琉璃光如来,至心殷重恭敬供养者,常持此咒,勿令废忘。

一心故,意业清净;澡洗故,身业清净;诵咒故,语业清净。三业专精,为彼病人,于饮食或药水等物,于此一种加持,诵百八遍咒语,令彼病人饮服,一切病苦皆可消除。咒字,中国字的本义,为咒诅、咒愿、祝咒。换言之,即祷告。但此有善有恶,如祷告个人消灾得乐,或世界和平,皆为善的祷告;若咒诅冤家,祈祷害者人,皆为恶的祷告。故今唵鞞杀逝等咒,以药除病,皆善咒也。又咒为陀罗尼之一,如《解深密经》说有四种陀罗尼:一、法陀罗尼,二、义陀罗尼,三、忍陀罗尼,四咒陀罗尼;今此即咒陀罗尼摄也。又若至心念诵,所求皆遂,不但现生消灾除病,延年益寿,临命终时亦得往生琉璃世界,乃至证得究竟菩提,一切行位等皆无退堕也。自是故曼殊,至勿令废忘,此明持咒既有种种功用,故净信男女,宜各至心常持,勿稍懈怠而忘失。由至心故生信,信故受持,若无信则自闭其门,虽有慧光不能照也。又至心殷重故,意业清净;意清净故,身口亦净;然后才能尽己所有供养于佛,不特物质供养,即将心身性命之精神,亦归敬供养于佛。所谓归命者,此之谓也。如是持咒,自得延年益寿,临终往生;亦使他人延年益寿;临终往生;自利利他,功德大矣!

丙二　有情持奉益

丁一　佛说消灾周

戊一　释尊标示

"复次、曼殊室利! 若有净信男子女人,得闻药师琉璃光如来应正等觉所有名号,闻已诵持。晨嚼齿木,澡漱清净,以诸香花、烧香、涂香,作众伎乐,供养形象。于此经典,若自书,若教人书,一心受持,听闻其义。于彼法师,应修供养:一切所有资身之具,悉皆施与,勿令乏少。如是便蒙诸佛护念,所求愿满，乃至菩提。"

此下为正说分中第二机益一大科所开出之第二段有情持奉益之文；正此经宗要之所在。如前曼殊启请言："惟愿演说如是相类，诸佛名号，及本大愿殊胜功德，令诸闻者业障消除，为欲利乐像法转时诸有情故。"是知此经之发起，全为利乐像法有情。即世尊赞许中亦说"汝以大悲劝请我说"，乃至"为拔业障所缠有情，利乐安乐像法转时诸有情故"。故有情持奉益，实为此经之重心。如全部《法华》，以授记声闻成佛为主要，故有三周说法：一、法说周，上根悟入；二、喻说周，中根悟入；三、因缘说周，下根悟入。故今经以有情奉持利益为主要点，亦即分为三周：一、佛说消灾周，二、救脱延寿周，三、药叉誓护周。三周之文，各自独立，各彰其义，各有其宗要点；然亦互相摄入，互相交遍，如帝网珠之重重相映也。佛说消灾周文有四，今初释尊标示。

净信者，转依之基础，正行之要键，为学佛者必具条件；盖由净信故，一切清净心心所，皆得相应而起。信心所，居十一善心所之初，善以此世他世顺益为义；此信心所自性清净，亦能令余心所清净，如水清珠，能清浊水。故此言信，与常言之信异。常言迷信或误信人言，其信中皆含错谬成分，不可与此净信同日而语。以此净信,具有三个条件:一、信实,信有诸法真实事理;二、信德,信有三宝真净功德;三、信能,信自己有修行、断惑、证果之本能。如是依真实事理,三宝功德,本具功能而起信心,方称净信;亦可引余善心相应而起。故《华严》云:"信为道源功德母,长养一切诸善根。"为三乘圣道之源,一切功德之母,诸戒、定、慧善根莫不由此发生。如是净信男子女人,能于药师如来名号,闻已诵持,即可得益。诵,为背诵;持,即意持不忘。如是诵持名号,由名召德,即能摄取佛果一切功德。晨嚼齿木,即嚼杨枝,清口、澡身,使内三业清净。以诸香花至供养形象,使外坛场庄严。若自书,若教人书者,古印度佛经皆以贝叶书写,中国古亦用纸书写,自五代宋时以来,乃有刻本流通,故亦可以刻经流通代替写经功德。一心受持,包括读、诵、受持、讲习,思维其义,为他人说等等。《法华》明五品法师功德:一、随喜品,二、读诵品,三、说法品,四、兼行六度品,五、正行六度品;皆可于一心受持摄尽。又诸经论明十法行:一、书写,二、供养,三、施他,四、谛听,五、披读,六、受持,七、开演,八、讽诵,九、思维,十、修习,亦于此一心受持中摄之。受持,即听受记持。盖佛经结集,只是经大众会诵,未必即有写本,故初学者须师传授,方可从之听受记持；如今西藏佛徒，尚实行授受之制度。虽然，时至今日，经典流通，凡识文者，皆可披读诵持，思维其义；故中国从古以来，即多从文自悟之师也。法师之法，狭义言之，如四无碍辩中之法无碍辩，法对义言，但指能诠教法。广义言之，则能诠之教与所诠之义，法界诸法无非是法。如是思维，通达善解其义，以法自师；复能辗转开示宣说，以法为他人师，故曰法师。吾人于经典得以受持读诵、思维其义者，皆由法师为导引，法师之恩德甚深，故应布施供养，尽意敬重。非特物质尽量供养，即以身命供养亦所不惜，方称真诚求法。观夫释迦因地求半偈而舍全身，可为轨范也。时至今日，邪见炽然，有法不求，反诽谤之，讥毁之而不遗余力，可慨也夫！故学佛者，净信三宝，方蒙诸佛护念；以佛果功德，皆由因地净信而起；由净信而绍隆佛种，续佛慧命，故为佛所护念；如母忆子，念念不忘，则所求者，皆得遂愿圆满，善根增长，渐证菩提。

戊二　曼殊奉扬

尔时，曼殊室利童子白佛言："世尊！我当誓于像法转时，以种种方便，令诸净信善男子、善女人

112

等,得闻世尊药师琉璃光如来名号,乃至睡中亦以佛名觉悟其耳。世尊! 若于此经受持读诵,或复为他演说开示;若自书、若教人书;恭敬尊重,以种种华香、涂香、末香、烧香、花鬘、璎珞、幡盖、伎乐,而为供养;以五色彩,作囊盛之;扫洒净处,敷设高座,而用安处。 尔时,四大天王与其眷属,及余无量百千天众,皆诣其所,供养守护。世尊! 若此经宝流行之处,有能受持,以彼世尊药师琉璃光如来本愿功德,及闻名号,当知是处无复横死;亦复不为诸恶鬼神夺其精气,设已夺者,还得如故,身心安乐。"

曼殊既闻世尊开示药师如来本愿功德,利益有情,故发誓愿奉扬是法,使像法有情,未闻者闻,已闻者增长,种种设法传流此经;故今日能得以讲读此经,皆曼殊誓愿加被之力也。华香、涂香、末香、烧香、花鬘、璎珞、幡盖、伎乐,皆是供养庄严之具。花、香、灯、涂、鼓乐,为五供养,此中皆已具足。五色彩缎,作囊盛经,以表敬重;扫洒清净,庄严处所。如是奉扬此法,即能感得四大天王等来护持道场,供养尊重。四大天王,亦曰护世四王,以四天王天处三界诸天之下,距离人间最近,与人间有密切关系,故能护人护世也。及余无量百千天众,即指四天王天以上忉利天等诸天。以佛法流通之处,即天人福德得以增长之处,故踊跃欢喜而来护法也。此经宝流行之处,即有人依十法行受持之处。但信受奉持,必能解其义,若不了解,即难正信;而信如手,人若无手,虽有人授与珍财而不能接受,无信,则虽有功德宝亦不能受取。故能真实信受奉持及闻名号,皆得离诸横死。横死者,种种不一:或不卫生而死,或病不医治而死,或肆无忌惮遭刑网而死,或遇人祸天灾不测而死等,皆为横死之原因。又有世人所不常见之横死,即如前魔魅诸恶鬼劫夺精气等而死也。

戊三　释尊重详轨益

己一　开示仪轨

佛告曼殊室利:"如是! 如是! 如汝所说。曼殊室利! 若有净信善男子、善女人等,欲供养彼世尊药师琉璃光如来者,应先造立彼佛形像,敷清净座而安处之。散种种花,烧种种香,以种种幢幡庄严其处。七日七夜,受八分斋戒,食清净食,澡浴香洁，着清净衣，应生无垢浊心，无怒害心，于一切有情起利益安乐——慈、悲、喜、舍平等之心，鼓乐歌赞，右绕佛像。复应念彼如来本愿功德，读诵此经，思惟其义，演说开示。

此因曼殊誓愿奉扬，故世尊重为详示仪轨，即将应如何去修习奉扬之方法，广为开示。曼殊之言，上契佛理，下适众机，故佛印可之以如是、如是。此言修持方法，须先造药师佛形像，然后以华香庄严道场而供养之。但应如何建立形像耶？此须依据前第一第二愿中，明佛身光，相好庄严而建立之。七日七夜受八分斋戒等，此专指在家信众而言。即修建药师法会，七日七夜，斋戒受持，香花供养，与今之寺院中修建弥陀佛七等相似。食清净食，不但素食，尤重过午不食之禁；若过午食，即为不净之食；五辛及腥血肉之食，更无论矣。澡浴香洁等，即三业清净，一心恭敬，七日七夜，受八斋戒，如法修持。无垢浊心者，法不孤起，仗境方生，坛既清净，心须无垢浊，若心不离垢浊，坛净亦复奚益？秽污堆积曰垢，泥水混沌曰浊，设以心如净镜，因贪等烦恼之秽积，则如镜着尘垢矣。设以心如清水，因贪等烦恼之污滓，则如清水混泥浊矣。故今应生无垢浊心，即将一切烦恼伏息，起清净心。既无垢浊，应无怒害。然怒害心，为烦恼中最利之烦恼——怒心为小随烦恼中之忿，害心即小随烦恼中之害——，此怒害心形之于外，无非损人的行为。本来，佛心众生心，一心一切心，交互相遍。由此怒害心起，即与诸佛慈悲之心隔绝，而障蔽与一切众生相通之本能也。"一念瞋心起，百万障门开"，即此之谓矣。由无垢浊心，起清净心；由无怒害心，起慈悲心；对一切有情识有思想的同类有情，起利益安乐慈悲喜舍平等之心。又，无垢浊心，无怒害心，犹为佛教消极方面破除者。

而一般不明佛理之人，即以此目佛教为悲观的或消极的，不知佛教于破坏垢浊、怒害之心后，即随而建设慈、悲、喜、舍平等心所表现的积极行为，不智孰甚！慈、悲、喜、舍，亦曰四无量心，以此四心普遍平等，量同法界，无界限故。慈心，使诸众生同得利益安乐，如母忆子，时时念子安乐，而菩萨则遍诸有情。悲心，拔除众苦，由慈为本，见众生苦而悲痛，欲救济其苦，尽力设法，将苦连根拔除，杜塞苦源。故诸佛菩萨，皆以慈悲为心，由慈悲故，见众生得乐离苦，起普遍的喜心；喜心，正与嫉妒心相反，以怀嫉妒心，见他好事，即不欢喜。须有上慈、悲、喜三心,等观若自若他、若男若女,众缘所生,其性本空,无可取着,自他苦乐平等无别,即起舍平等心。由舍平等故,若慈、若悲、若喜各各平等,即成四无量心矣。故若慈悲等心,从自他观念而出发,执为实有能拔苦者,能与乐者,及所离苦者,所受乐者,则有限量,非平等心;而菩萨从二空无分别智而起与乐拔苦,虽终日与乐拔苦而不见与乐拔苦,故能成其平等普遍之无量心也。

总之,塑画形像,供养经典,受持读诵,思解其义,开示演说,互相修习,即组成建立药师法会之仪轨也。

己二　指陈效益
庚一　获福益
"随所乐求,一切皆遂:求长寿得长寿,求富饶得富饶,求官位得官位,求男女得男女。

此获福文略,下免难文稍广。由前建立药师七佛道场,七日七夜,斋戒沐浴,如法修行,即将此功德回向,皆得随愿所求。但发愿须在功行未修之前,而回向则在功行修成之后。将此功德,或回向个人消灾获福,或回向法界众生;此发愿与回向之区别也。但世俗一般人所欲求者,不外福禄寿喜等,故此中即随俗而说。寿,乃人生得以维持生命的最重视者,寿若无,则虽有整千盈万之产业,不能享受,故曰:"五福寿为先。"佛法谓人身难得,若既得人身,如嫩木初长,天真时期若遭夭折,即不寿矣。又至壮年时期,血气方盛,正是青云直上、奋发有为之日,忽遭不测,百业不成,志愿未伸,尤为可愍!至于老年欲寿不能,亦极痛苦。故求长寿,实为人生最大之要求,而尤为富贵者所需要,亦为中国人特别需要。因中国人素重视现生富贵,不若西洋人斤斤乎求生天国,故须先求长寿来保障富贵。尤其中国之道教,求长生久住之道,与万物并茂,与天地同春,皆求长寿之表征。然真长寿,非人所能,即道教长生久住,亦非究竟;盖究竟长寿,无始无终,不知本末;若落本末,即有始终,故虽寿长至非非想处,亦有尽时,何况道教?即如道教寿与天地同春,而天地亦有成住坏空之变,故其寿是相待的非绝待的,是有尽的非究竟的。道教尚且如是,又何论人寿耶?人之寿命,由阿赖耶识中引、满二业种子之原动力,引生一期异熟果报之命根,有形段,有限量,呼吸不来,命根即断,故亦是相待的非究竟的;若究竟无限,须空异熟业报,则业命断而任运相续之无分别智的慧命长存。菩萨根本智证真如法身,慧命相续,无漏功德辗转增上,即不为异熟业命有形段之限量。然地地新陈代谢的微细变易未穷,故有变易寿限。唯至佛果大圆镜智相应,转成庵摩罗识,相续湛然,无有穷尽,方为究竟无量寿也。但此为佛之报身寿,佛有三身:自其法性身言之,从本以来,不生不灭,无始无终,众生与佛平等平等;但众生未证,只可名法性,不得名身;菩萨少分证得,佛果究竟满证。此法性身与报身之自受用身,一味普遍。至他受用身与变化身,则机缘无尽,佛身无尽。故总言之,法身自性长寿,报身相续长寿,应身无尽长寿;三身寿命,永久无尽。此云求长寿得长寿,或得天上人间较长寿命,或得究竟佛寿,佛以愿力,皆令随愿以偿。

求富饶得富饶者,富饶,即财物珍宝,仓库盈溢,资生之具无所乏少。常言福报,广义通长寿等,狭义唯局富饶;富饶故有福。中国人最喜求富饶,如一般烧香礼佛者,求发财居多,此亦为人情之常,故佛能令遂其愿。约深义言,佛法明布施,有财施、法施、无畏施,因布施故,果得七圣财,及一切功德法财,故佛为世出世间之大富长者。

求官位得官位者,官之本义为公,居官位掌职权,原为国家人民社会群众服务;故狭义言官位,则局政治文武官僚。

119

广义言之，凡为公众服务，皆可名官。所以怀抱绝大之士，立志治国安民，而欲以贯澈其主张，达其目的，方有居官掌权必要，以实行其治国安民之素志。如此求官位，方不失其求官位之意义。世俗流弊，唯假官位以张威势而谋俸禄，满足私人家族生活，则非设官之本意也。但无论其为公为私，皆亦人情常有，令之随愿得遂。又，以佛法言之，菩萨自利利他，为人类谋幸福，为世界谋安和，方为真正大官。而官位之究竟，莫逾于无上丈夫调御士之天人师之世尊也。

求男女得男女者，既得富饶家业，必仗子孙嗣续。尤其中国人富于种族思想，自高祖至玄孙，数代相聚，引为乐事；而世界人类，亦皆有其愿。然综其求子女原因，不外两种：或因家产充足以待传持，或因有志未遂以待继续；故无子女，实为人生最大憾事！即如吾国出家人之寺院产业，亦待徒子徒孙法子法孙之继续，何况世俗？故佛随人愿，凡求子女，皆令满足。但此子女，佛法亦有深义；《维摩经》云："慈悲心为女，智慧诚实男。"《法华·化城喻品》云"男女皆充满"，即定慧皆充满义。故佛果之大悲、大智、大定，皆为胜义男女。人生之欲求虽多，举其荦荦大者不外以上四种；即此四种扩充其义，俱通达佛法深义焉。

庚二　免难益

辛一　百怪出现难

"若复有人,忽得恶梦,见诸恶相;或怪鸟来集;或于住处百怪出现。此人若以众妙资具,恭敬供养彼世尊药师琉璃光如来者,恶梦、恶相诸不吉祥,皆悉隐没,不能为患。

忽得恶梦,百怪出现,皆为不祥之兆。其致诡怪原因,或宿业,或四大不调,或鬼神作祟。佛经中言阿难得恶梦,及佛母摩耶夫人佛涅槃时,在忉利天宫得恶梦等,此等皆为预兆。但万法唯心所现,若遇恶梦怪异不觉其恶,视若无事,亦即无事;若既惊恐不安,心有挂碍,则将不免为患。今以已建立药师道场,恭敬供养,由佛力故,不吉祥事皆自隐没,不能为患。

辛二　一切怖畏难

"或有水、火、刀、毒、悬险、恶象、师子、虎、狼、熊、罴、毒蛇、恶蝎、蜈蚣、蚰蜒、蚊、虻等怖;若能至心忆念彼佛,恭敬供养,一切怖畏皆得解脱。

若水、火,若刀、毒,若恶师子,若虎、狼、熊、罴、若毒蛇、恶蝎、若蜈蚣、蚰蜒,若蚊虻等诸难,皆能伤生害命,致人于死地。又此诸毒难,表贪、瞋、痴诸毒烦恼,能伤害法身慧命。又由内毒故,外毒能害;若至心忆念佛名号,息诸内毒,则外毒亦不能伤,而得解脱。

辛三　他国侵扰难

　　"若他国侵扰,盗贼反乱,忆念恭敬彼如来者,亦皆解脱。

　　此为国难。故今讲经《钟声偈》云"功勋酬民国深恩",即含祈祷国家平安之意。此文虽略,内忧外患靡不收摄。侵、即侵犯略夺,破他国之领土完整,尤于文化、政治、经济种种侵略,使之民不聊生,骚扰不宁,内讧纷起,鹬蚌相争,遂令渔人得利。今自中国观之,数十年来,皆是处在内忧外患重重困顿之中,文化受侵略故,人民思想紊乱;政治受侵略故,关税、法权失主;经济受侵略故,人民生活枯竭。因之匪窃蜂起,盗贼猖狂,加以军阀割据,公然反乱。原国家之建立,本为保障人民权利,今则国患如此,民何以堪? 而此职责,各有攸归:在昔以帝立国,帝负其责;今者以民立国,宜由国民共负其责。然救国之法虽不一,若能至心忆念彼佛,国民信仰心得安定,亦解脱国难一法也。

辛四　犯戒堕落难

"复次、曼殊室利！若有净信善男子、善女人等,乃至尽形不事余天,唯当一心,归佛法僧,受持禁戒:若五戒、十戒、菩萨四百戒、苾刍二百五十戒、苾刍尼五百戒。于所受中或有毁犯,怖堕恶趣,若能专念彼佛名号,恭敬供养者,必定不受三恶趣生。

前三难,通于一切人类,此则指已皈佛法修学者之难。戒律既受,毁之则堕！未受戒而不守戒律,不道德而已;若受戒破戒,则加破坏佛制之罪,罪过极重,甚于洪水猛火之难！此净信善男女之皈依三宝者:皈依佛故,誓不依天魔外道为师;皈依法故,誓不读邪外典籍;皈依僧故,誓不与外道恶人为伍。故受三皈者,即尽形不事余天,坚固信心,进而以佛所说法门,规正个人行为,故须受戒。戒分止作,止者应止,作者应作。今禁戒者,专指止而不作之戒。如五戒、十戒,为戒之基础,修戒之初步;所有余戒,靡不基此辗转增上而成立。

五戒：即不杀、不盗、不邪淫、不妄语、不饮酒。十戒者：戒除身三、口四、意三之十恶，为在家二众修戒之法。又有沙弥十戒，为出家修持之初步。菩萨四百戒，应别有其本。略而言之，如《瑜伽菩萨戒本》之四十三戒；《梵网经》之十重，四十八戒。苾刍二百五十戒，指大数而言，如四分律、僧祇律等皆不足此数，此因戒之开合有异，义无何别。苾刍尼五百戒，亦指大数而言，现行戒本亦祇三百余戒。如是七众弟子，其于戒法，或因毁犯而起恐怖，若能专念彼佛，恭敬供养，三恶之苦皆不能受。

辛五　妇女生产难

"或有女人，临当产时，受于极苦；若能志心称名礼赞，恭敬供养彼如来者，众苦皆除。所生之子，身分具足，形色端正，见者欢喜，利根聪明，安隐少病，无有非人夺其精气。"

前既求男女者得男女，既有男女，必有生产；生产之难，极其痛苦，而为妇人所不免。若子母俱福，安全无事；若子母俱无福，或冤家投胎，则苦矣！故佛教称人之生日为母难日，故于母亲,宜加孝敬以酬深恩。但临产难极苦之时,自能至心称念佛号;或亲戚家眷代为修建药师法会,塑画形像,读诵经典等,由佛愿力即可免此苦难,安全而生。或所生子,丑陋残病,甚至夭折,因此亦能转使诸根完具,相貌端正,聪明利根,人见钦敬,无有非人夺其精气。盖非人之鬼魅,常感饥渴之苦,往往夺取婴孩精气以活其命。故能建立药师法会,一切灾难皆可息灭,随愿所求,皆得满足。今日若能将此法门流行于世,则世界众生皆得普遍消灾利益,而使人生与佛法发生普遍的亲密的关系,更足奠定人间佛教的基础也。

戊四　阿难问增益

己一　佛问信不

尔时,世尊告阿难言:"如我称扬彼世尊药师琉璃光如来所有功德,此是诸佛甚深行处,难可解了,汝为信不?"

此为消灾周中第四,世尊与阿难互相问答以增信心。此中分三,今第一佛问阿难信此法不。此中世尊告阿难者,阿难多闻第一，闻持不忘，结集流通，后世堪传。阿难，梵语具云阿难陀，此云庆喜。以阿难出家在佛成道后二十年，故其生时，值佛成道，龙天庆喜，因以为号。阿难出家，常随于佛。其于佛经，有自佛亲闻，有自同学长老辗转而闻；今此经为其亲闻者。佛告阿难，此明彼佛所有功德，皆是诸佛甚深行处，不但所证之法体甚深难了，即所起之方便妙用亦甚深极甚深，难通达极难通达，不易信受。盖阿难信心最足，故问信不，使发挥佛言必可信之义以增信益。此甚深行处，即前明体相中所有依正庄严之体，行果功德之相，佛佛道同，故言此是诸佛甚深行处，难可解了。亦同《法华》极力称叹"诸佛随宜所说，意趣难解"。处有二解：一、诸佛甚深所行之处，依主释；如是言处，即佛智所行境界。佛智，即一切种智正遍知所行境界，若法界性相，真俗事理，自他因果等，于一刹那遍照无遗，微妙甚深，难可解了；《法华》所谓"诸法实相，唯佛与佛乃能究尽"。即等觉大士，亦如隔云望月，依稀不真，则地前三贤以至具缚凡夫更无论矣！地前圣凡既不能以智测佛，唯有以信接受，《法华》谓："唯除诸菩萨，信力坚固者。"《瑜伽戒本》云："若诸菩萨安住菩萨净戒律仪，若闻甚深最甚深处，心不信解；菩萨尔时应强信受，应无诌曲，应如是学：我为非善，盲无慧目,于如来眼随所宣说,于诸如来密意语言而生诽谤。菩萨如是自处无知,仰推如来,于诸佛法无不现知。"此言不因自己智慧狭小不了,即不信仰甚深行处,应观佛之人格德行而强信受,方能渐渐解了。故今佛问阿难信不,亦含有强信性;即在阿难答中,亦具此理。二、诸佛甚深所行即处,持业释;此明诸佛因果功德及其所起利生方便等行,即甚深处;则此经所明之药师因果功德,即是诸佛甚深之所行处。故此处字,即指药师甚深德行;其根本智证真固难解了,即后得智所起方便亦难解了。从比量比知其义曰解,今诸佛自证甚深,非比量能到,故难解;由现量明察其境曰了,今诸佛自证甚深,非现量能到,故难了。但虽有二解,后解为正。前明体相中,不以真如、实相、中道、第一义等为体相,而以依正庄严行果功德为体相者,即诸佛甚深行处也。诸法法性本无深浅,《金刚经》所谓:"是法平等,无有高下。"法住法位,法尔常然,不增不减,不生不灭;而所以有深浅者,六凡、二乘为无明烦恼覆障,与诸佛平等法界隔绝,各各不知;利根菩萨,从比量知,现量不知;地上菩萨以至等觉,少分证知;是则诸佛行处之甚深可知矣。故问阿难信不,以增强像法有情之信心。

己二　阿难正答

庚一　答应信佛言

阿难白言："大德世尊！我于如来所说契经不生疑惑，所以者何？一切如来身语意业无不清净。世尊！此日月轮可令堕落，妙高山王可使倾动，诸佛所言无有异也。"

此阿难答言，于诸佛甚深行处虽不解了，而决定信受。大德，佛之尊称，福智圆满，故称大德。契经者，佛所说法，皆契理机；不契理则失法之体，不契机则失法之用。然阿难为何于佛所说即不生疑惑而信受耶？以世尊与十方一切如来无异，而十方如来三业清净，说真实语，不诳语者，故世尊语深可信受。三业之业，动作之义，凡诸动作皆名为业。出家人开口即说业障深重，则将业专指恶业；其实，业通善、恶、无记三性，善又通漏、无漏；佛果亦有清净三业；《华严·普贤行愿品》云："身语意业无有疲厌。"亦属清净三业。然业以思心所之动作为自体，由此生余心心所为相应。又，意业为意识及思等心所相应而起之动作；身语二业为前六识相应心所所起之动作；故三业动作，全由心识，若无心识，则如风吹水动，火能烧薪等，虽有业用而非是业。今言身语意业无不清净，显佛果烦恼等已穷，离诸过失。故佛果三业，亦称三不护，以无过失覆蔽隐藏，真所谓本无不可告人之事，信无疑议者也。又恐语不真切，复以喻明：日月可令堕落，妙高山王可使倾动，而于诸佛所说信无有异。日月轮经行天空，本不可堕；妙高山即须弥卢，为山中之王，上至忉利，下至地狱，其居中心，安然不动。今纵使日月轮可堕落，须弥卢可倾动，而于佛语信无有异，正表其信之真切。此经所明法门，纯为果上不思议境界，唯可以信受，不可以智测。须先信佛，方有法僧，否则，三宝难以建立。此《菩萨戒本》、《弥陀经》等，所以明'一切难信之法'，皆以信去接受也。

庚二　明不信获罪

"世尊！有诸众生信根不具，闻说诸佛甚深行处，作是思惟：云何但念药师琉璃光如来一佛名号，便获尔所功德胜利？由此不信，返生诽谤。彼于长夜失大利乐，堕诸恶趣，流转无穷！"

此明信根不具之有情，于佛所说诸佛甚深行处，不以信受，但以智测。则如《解深密经》所谓："诸佛智慧如大海水，我等智慧如牛迹水。"以牛迹水智测无边佛海，此所以疑网重重，犹豫不信！由不信故，诽法不合理，谤佛欺骗人，因此堕于长夜黑暗，何时达旦！盖漫漫生死长夜，佛为明灯；今既不信佛灯，是即失大利乐，如"盲人骑瞎马，半夜临深流"；堕三途险坑，流转无穷极！

己三　重详信益

庚一　示不疑利益

佛告阿难："是诸有情若闻世尊药师琉璃光如来名号，至心受持，不生疑惑，堕恶趣者无有是处。"

因有有情不信堕苦，若佛苦口婆心，重详信之利益。是诸有情，泛指人间一切有情。若闻药师如来名号，至心受持，不生疑惑，必不堕落，若堕恶趣，必无是理也。

庚二　明希有难信

"阿难！此是诸佛甚深所行，难可信解；汝今能受，当知皆是如来威力。阿难！一切声闻、独觉、及未登地诸菩萨等，皆悉不能如实信解，唯除一生所系菩萨。阿难！人身难得；于三宝中，信敬尊重，亦难可得；闻世尊药师琉璃光如来名号，复难于是。

此是诸佛甚深所行，与前第二解义相同。诸佛甚深所行即处，故不另言处。甚深之行，不易信受，而阿难坚决信受，皆由如来威神之力使之而然；否则，妄想思量，必难置信。声、缘二乘，皆通有学无学。未登地诸菩萨者，自十信初发心位，入初阿僧祇成三贤位菩萨，由此入加行位菩萨。十信为外凡位，三贤为内凡位，是皆未经二阿僧祇入初地位，故于诸佛甚深行处，不能如实信解。盖未登地者，无明未破，法性未显，未得诸佛智慧。须登初地，方能根本证真，后得观相；然亦不能于一念中二智圆具，须前念根本证真，后念后得观相，隔离不融；故须依据佛说，起比量智慧，比知其理而起信解。是故地前菩萨，只可名为随教义而信解，非自能证理而起信解。故告阿难，汝非自力能信解。一生所系菩萨，可有二义：一、约报身说，自初地至等觉，皆可名为一生所系，以初地破无明，显法身，入如来家，慧命相续，虽报身在净妙土中有辗转变易，而不再受分段生死，故入初地亦可名一生所系。二、约应身说，唯以等觉为一生所系菩萨，位居补处，如释迦佛未降生成佛前之一世，为一生所系，如今兜率弥勒大士即一生所系菩萨。如是两种菩萨，于诸佛甚深行处，方能少分证信。然以后说为正。欲界众生，五趣杂居，人身难得；既得人身，若无善根，敬信三宝亦难；如今世界，几许众生不信三宝！然闻药师如来尤难，此所以明希有难信也。

庚三　结略说指广

"阿难！彼药师琉璃光如来，无量菩萨行，无量善巧方便，无量广大愿；我若一劫，若一劫余而广说者，劫可速尽，彼佛行愿、善巧方便无有尽也！"

此明药师如来之菩萨行、善巧方便、大愿，皆无量无边。善巧方便一义，亦可分解：善巧，对种种学问、工艺、技术、事业，所谓"法门无量誓愿学"；对于无量法门，皆能练得精致纯熟，故有善巧；即"熟能生巧"也。方便，即在施行的方法上，种种方式，随宜而设，为方便权宜之妙用。但方便通于因果前后，利他设化，固属方便；因中做种种前方便工夫，达到究竟目的,亦是方便。无量菩萨行,唯是因行;无量广大愿,则贯彻无量菩萨行与善巧方便,总摄因果。此皆略明药师佛德。若广言之,则千万劫可速使其尽,而佛功德说莫能穷。此亦正显诸佛甚深行处难可解了,不易信受,所以佛与阿难设此问答,极力辨明以增信也。

丁二　救脱延寿周
戊一　救脱示延寿法

尔时,众中有一菩萨摩诃萨,名曰救脱,即从座起,偏袒一肩,右膝着地,曲躬合掌而白佛言:“大德世尊! 像法转时,有诸众生为种种患之所困厄,长病羸瘦,不能饮食,喉唇干燥,见诸方暗,死相现前,父母、亲属、朋友、知识,啼泣围绕;然彼自身卧在本处,见琰魔使,引其神识至于琰魔法王之前。然诸有情,有俱生神,随其所作若罪若福,皆具书之,尽持授与琰魔法王。尔时、彼王推问其人,计算所作,随其罪福而处断之。时彼病人亲属、知识,若能为彼归依世尊药师琉璃光如来,请诸众僧,转读此经,然七层之灯，悬五色续命神幡，或有是处彼识得还，如在梦中明了自见。或经七日，或二十一日，或三十五日，或四十九日，彼识还时，如从梦觉，皆自忆知善不善业所得果报；由自证见业果报故，乃至命难，亦不造作诸恶之业。是故净信善男子善女人等，皆应受持药师琉璃光如来名号，随力所能，恭敬供养。"

有情持奉益文中有三周，今第二救脱延寿周。前消灾周主重消灾，亦明延寿；今延寿周主重延寿，亦明消灾。尔时众中，即佛在乐音树下，与法会大众说消灾周竟，会中有救脱菩萨摩诃萨从座而起。摩诃萨，即大菩萨，初阿僧祇十住位，对前十信言，亦称大菩萨；次阿僧祇对初阿僧祇亦称大菩萨；今指三阿僧祇一生所系菩萨，方能信解此法，助佛宣弘。救脱者，显其能救渡众生，脱离苦厄，因以立名。菩萨有从智慧、苦行、誓愿、大悲、救苦等功德立名，今取大悲救苦。从座而起，至曲躬合掌，皆表特别致敬。以救脱所示之法，非泛泛之论，乃广利众生，为药师法中之特殊胜用。诸众生，指人类而言。众生，与有情同。有情为数取趣，众生乃五蕴众缘假合而成,然众生通于情与无情动植之物,而植物则不能称为有情,此其范围宽狭稍异。像法转时,魔强法弱,种种苦厄,不可言喻!长病羸瘦等,言病时之状态。见诸方暗死相现前;言药石无效,将死不久。父母亲属等,言看病者之苦境。当尔之时,病者自身卧其病处,死相现前,前一刹那昏迷不觉,后一刹那即见琰魔使者,引其神识至琰魔前,执法受刑。盖琰魔为地狱执法之王,今诸众生,死前见诸方黑暗,皆堕落之象征,故其神识,为琰魔使引入狱中。神识者,经中明有四有:吾人住世之果报色身为本有;此身坏灭时为死有;死已未生,其中间为中有;中有寿尽转世,则为生有。由生有故,后复本有,如是四有,循环无已。但生死二有,时间极短;本有则随生类寿命,各自长短;中有寿命,少而七日,多至四十九日,亦有处说不定。今之神识,即指中有,古译神魂,似与今日所谓之灵魂相近。然佛教破除精神主宰之实我,何今言有神识相续之我体耶?此有四义:一、为对治凡夫断见,说有有情神识相续。以断见有情执此色身坏时,即归灭无,所谓"肉化清风骨化泥",因此拨无因果造诸恶业,当堕大坑。佛怜此故,说有四有相续,于中有微细五蕴之中有,相续不断,凡夫难知,说为神识,建立因果之相,以破断见。二、因常见有情,于此五蕴中有之连续中起常见想,执为实有主体不变常住之我存在,故进一步说我由五蕴、十二处、十八界等法所成,众缘所生,原无实体。则此神识,乃属五蕴中之识蕴,十二处之意根,十八界中之意根与意识,根、尘、识三和合而成,原无实我主体。故此言神识,迥异普通灵魂之说。三、二乘声闻等闻说无我,断烦恼因,证我空果,而于蕴等法上起实有执,故再进一步,明诸法缘生无性,毕竟空寂,破其法执。四、有人不如实知毕竟空义,于毕竟空中起虚无见,而与断见有情拨无因果相似,故更进说三界唯心,万法唯识之理,明诸法皆由心识变现,如水露、阳焰、梦、幻、泡、影。今即于梦、幻、泡、影中说有神识,随五蕴现,其性本空,而与灵魂之说,不可同日而语。然此虽有四说,立神识名,专对断见。俱生神者,亦作浅深二说:浅说者,如人生各有年月日时不同,而有情随之俱生,此专对凡夫外道断见有情而说。深说者,无此俱生之神,以前说神由蕴等法成,而蕴等法空,乃至进说唯识。则此俱生神即阿赖耶识,此识为异熟业报之总体,名俱生神,所造善恶由其储积。然其受熏持种,行相微细,不得而知;及其果报现前,方能明晓。如黑暗中写字,不见形色,乃至光来,宛然入目,知其为白为黑。而其为罪为福,皆由琰魔罗王执法审判,赏善罚恶,无私不阿。但琰魔之为执法王,虽属自业之报,亦由诸恶有情之共业增上而成。如今之总统为一国之主,亦由全国人民共业助成。故其为王也,说之有福,则一日三时,烊铜灌口,自然现前,不免业苦;说之无福,则由共业增上,为执法王,管理地狱有情。故今死者即至其前,善恶苦乐由其审配。然此与佛之法义,亦不相违;以琰罗亦由蕴等诸法假和合成,有情业力增上,亦与唯识所现相应而不违异。时彼病人等文,意言病人死已诸根未坏,又未转世受生,此时若有亲属知识,为彼皈依药师如来,请僧读诵此经,燃七层灯,悬五色幡,由功德力神识复还,如梦醒来。且如地狱受判之刑罚及家眷修法之情境,亦自了了。悬七层之灯者,即如塔之七层,每层悬七灯,及设供七尊药师佛,或依七佛本,设供七佛,并悬五色彩幡。由斯功德,彼神识或于一七日还,或三七日还,或五七日还,或七七日还,此显时间久暂不定。故人初死。必待数日方葬,以尚有返生之可能。但此皆由阿赖耶识相续执持之潜势力,然阿赖耶识遍一切处,本无所谓还与不还,其所以有还与不还,中有意识起分别耳。意识一刹那不觉,即昏迷死去;一刹那起分别,即成中有;再一刹那如梦觉而生,乃能忆知地狱善恶业报之赏罚。由此作人,即遇自身失命之难，宁舍不惜，而不敢再造恶业堕苦也！常人未知此境，往往不信因果轮回之说，今此人由自心证见，亲历其境，故能如此坚决。即如因饥饿命危，宁使其死，必不非理夺食，苟延残喘而造恶业也！此显由药师之力，不但复命，亦能使之洗心革面，走上自新之路也。此类因缘，在中国古书堆里及佛典中，不胜枚举。如今本寺舍利殿之利宾菩萨，昔为猎人，死堕地狱，由佛力指引。还生出家，拜出舍利，成为慧达大师，自利利人，百代流芳；相传是利宾菩萨应世，亦与此相类耳。是故净信善男子下，普劝随力所能，供养恭敬药师如来，福不唐捐！

戊二　阿难问仪轨

己一　救身病以延身命

尔时，阿难问救脱菩萨曰："善男子！应云何恭敬供养彼世尊药师琉璃光如来？续命幡灯复云何造"？救脱菩萨言："大德！若有病人，欲脱病苦，当为其人，七日七夜受持八分斋戒。应以饮食及余资具，随力所办，供养苾刍僧。昼夜六时，礼拜行道，供养彼世尊药师琉璃光如来。读诵此经四十九遍，然四十九灯；造彼如来形像七躯，一一像前各置七灯，一一灯量大如车轮，乃至四十九日光明不绝。造五色彩幡，长四十九搩手，应放杂类众生至四十九，可得过度危厄之难，不为诸横恶鬼所持。"

　　阿难既闻救脱延寿之法如是胜妙，故问修法之仪轨以资实行。其问题有二：一、应云何恭敬药师如来？二、续命幡灯应云何造？救脱答中，意显病者欲脱病苦，自以能随力作诸功德为最好。若自病重，力难胜任，可由家眷代作功德，供养药师如来，读经、燃灯、造像等，皆示修法仪轨。昼夜六时者，古印度昼三时，夜三时，合为六时，即所谓初夜分，中夜分，后夜分。如中国古时昼夜十二时，今用钟表，则昼夜二十四小时。灯量大如车轮，亦犹今日西藏佛前之大油灯。造五色彩幡长四十九搩手，此正答续命灯幡应云何造之问题。搩手，即以手度物也；言续命幡之长，须由手指量以四十九搩手。应放杂类众生至四十九者，四十九为数目，或放四十九类生命；或四十九日，每日放生一次。如是功德，即可免除一切危险与横难，此所以救他身生命即延自生命也。

己二　救国难以延身命

"复次、阿难！若刹帝利、灌顶王等，灾难起时，所谓：人众疾疫难，他国侵逼难，自界叛逆难，星宿变怪难，日月薄蚀难，非时风雨难，过时不雨难。彼刹帝利灌顶王等，尔时应于一切有情起慈悲心，赦诸系闭。依前所说供养之法，供养彼世尊药师琉璃光如来。由此善根及彼如来本愿力故，令其国界即得安隐，风雨顺时，谷稼成熟，一切有情无病欢乐。于其国中，无有暴恶药叉等神恼有情者，一切恶相皆即隐没；而刹帝利灌顶王等寿命色力，无病自在，皆得增益。

此救国难。独举刹帝利灌顶王等者，上古以帝立国，帝王为全国人民之主脑，故救国难，独举刹帝利作代表。刹帝利居印度四姓阶级之第二，为帝王贵族，专掌军政，如释迦佛为释迦族种，乃刹帝利族中之一族。灌顶王者，太子受位，以四大海水灌顶,表其将来能统一四海之众——转轮王登位统领四洲——亦犹今日帝国元首之加冕典礼。国难发生,国家命危,故救国难即救国命。古来一国生兴,一国灭亡,其灭亡之日,则一切文化、种族等皆与之俱亡;故国难当前,必极力设法救济,否则国命绝矣。人众疾疫难,即瘟疫流行,传染所至,人死野荒;如古西洋有"黑死症",死者无数,种族几灭。佛教说刀兵、饥馑、瘟疫小三灾,此为其一。他国侵逼难,即外祸侵略,政权被夺。自界叛逆难,谓以国疆为界,域中叛乱,此为内忧。上三难皆是人与人间造成之国难。星宿变怪难等,全由天灾造成之国难。星宿经行天空,皆有一定数度,遇变怪时,即失其常态。日月薄蚀难,薄,指尚存微光;蚀,则完全无光。今天文学家,亦常发见平常所无的怪异的星宿,起地球被毁传说。又在日中发见黑子,可予人类不良影响。故虽能推定日月薄蚀之日时,然其对日中之黑子为何物,尚无法研究。非时风雨难,即狂风暴雨为难。过时不雨难,即旱灾,如今中国北五省陕西等处,连年谷物无收;中国古书上亦有三年不雨,五年不雨等灾难。此中数难,皆举其大者而言。遇有此等国难发生,刹帝利等应一面于同类之人起拔苦与乐之心,大赦囚犯;一面依前所说修法仪轨,如法供养如来。由自善根力，由佛功德力，感应道交，一切恶事可化乌有，依然国泰民安；而刹帝利等自身，亦能增福延寿。此中善根，即由慈悲心所成三善根中无瞋所摄。暴恶药叉等神，本由有情共业增上力所引致，今修善灭恶，善根增长，则暴恶乱恼之恶神，亦自敛迹。如沟水中虫生，因污所积，若水清净，则蚊子、苍蝇等侵害有情之物皆不得生矣。

己三　救诸难以延诸命

"阿难！若帝后、妃主、储君、王子、大臣、辅相、中宫、彩女、百官、黎庶，为病所苦，及余厄难；亦应造立五色神幡，然灯续明，放诸生命，散杂色花，烧众名香，病得除愈，众难解脱。"

前救国难以延国命，则以刹帝利灌顶王等领导人民而救之。此救诸难以延诸命，则上自帝后妃主，下至百官庶黎，各人有难，各人自救。储君，即王太子；储者、藏义，储藏以候补王位故。辅相，包括左辅右弼，臣中上首。庶黎，即众庶黎民。或为病所苦，或遭余难，如家族有家族难，团体有团体难，若能修习药师佛法，皆得解除众难。此放诸生命，亦正指各人随力所能之事也。

戊三　答阿难问延寿

尔时，阿难问救脱菩萨言："善男子！云何已尽之命而可增益?"救脱菩萨言："大德！汝岂不闻如来说有九横死耶？是故劝造续命幡灯，修诸福德，以修福故，尽其寿命不经苦患。"阿难问言："九横云何?"救脱菩萨言："若诸有情，得病虽轻，然无医药及看病者；设复遇医，授以非药，实不应死而便横死。又信世间邪魔、外道、妖孽之师妄说祸福，便生恐动，心不自正，卜问觅祸，杀种种众生解奏神明，呼诸魍魉，请乞福祐，欲冀延年，终不能得。愚痴迷惑，信邪倒见，遂令横死入于地狱，无有出期，是名初横。二者，横被王法之所诛戮。三者，畋猎嬉戏，耽淫嗜酒，放逸无度，横为非人夺其精气。四者，横为火焚。五者，横为水溺。六者，横为种种恶兽所啖。七者，横堕山崖。八者，横为毒药、厌祷、咒诅、起尸鬼等之所中害。九者，饥渴所困，不得饮食而便横死。是为如来略说横死，有此九种。其余复有无量诸横，难可具说！

　　人命生死，业数有定。前言人死复生，岂不违业命之说乎？故阿难问云何已尽之命而可增益？救脱答中，明九横死。横死者，未善终其天年，冤枉而死；其寿原未享尽，故若设法救济，即可复活。如一盏灯油，本可燃烧一夜，而因漏卮或倾覆，半夜而尽；若再添油，即可复燃而达旦。实则人生在世，善终者少，横死者多，故劝造续命幡灯，修诸福德，即可续其寿命。但就佛法言，不但未尽之寿可续，即已尽之寿亦可复续。如修禅定者，得五神通，能将已尽之寿，延至一劫至数劫之久。但今唯就常人横死而言。初横死中，总有二种：一、得病本轻，药之即愈，而无药、无医、无看护者；又虽遇医，授以非药，庸医杀人，实不应死而横死。二、虽得轻病，而误信世间邪魔、外道、妖孽之怪诞，迷惑恐怖，心旌摇摇，欲冀延年，杀诸生命，祭祀神明，乞怜魍魉；殊不知杀他生命，即害自生命，实不应死而横死。此皆因愚痴无智不以药治，妄信邪说，自戕生命；且还因此造业，永堕地狱无有出期！第二横死，侵害他人权利，堕落法网，横被王法诛戮其命。第三横死，畋猎、纵欲、嗜酒，放逸无度，致遭非人夺其精气而横死；如今之赛跑、赛马、游泳、跳舞、狂欢，纵欲无制，往往误死。第四至第七可知。第八横死，或为毒药所毙，或如前说为冤家咒诅起尸鬼等所中而死。今黔湘之间，尚传此法，能以符咒咒起死尸，今还故乡，亦由起尸鬼之作用。第九横为饥渴所困而死，或自饥渴而死，或被禁饥渴而死，或自甘愿饥渴而死。如是九横，皆为常人之事实，而人自不知，乃佛从俗谛方便阐明其事。又依佛法真谛，九横各有深义：如第一横死，因愚痴故，误信邪外，自伤慧命。第二横死，不守戒律，破坏佛制，至害法身。总之，皆因不依戒定慧、六度等法门修学，致遭横死，而在言词善巧，不妨以俗事而显真理也。此言九横，略说而已；若广言之，一一横中各有无量诸横，说不能尽。然于弥留之际，修此药师佛法，皆可不遭横难而延续寿命也。

戊四　救脱重劝修度

"复次、阿难！彼琰魔王主领世间名籍之记，若诸有情，不孝五逆，破辱三宝，坏君臣法，毁于性戒，琰魔法王随罪轻重,考而罚之。是故我今劝诸有情,然灯造幡,放生修福,令度苦厄,不遭众难。"

琰魔罗王,前已言之详矣。其为主领世间名籍之记者,三界众生烦恼未断,生死未了,皆在其势力范围管领之下。昔有比丘修诸禅定,临终生四禅天,而因起谤法之念,须臾即落地狱。故不但人有堕狱之危,即至非非想处寿命八万四千岁,尽时亦堕地狱,不能超越琰魔罗王之范围支配。盖琰魔罗王为可堕地狱有情共业增上而成,故有情之年贯名籍,皆操其手;赏善罚恶,由其指使。五逆者:弒父、弒母、弒阿罗汉、破和合僧、出佛身血。不孝乃五逆之首。三宝,佛、法、僧,为万善之基础,究竟之依归;若事破坏,自失义利,复造重罪。君臣之法,乃国群秩序,坏亦罪重。性戒者,戒有遮戒与性戒。遮戒唯属佛制遮止不作之戒;性戒乃本性是恶法,人人宜戒,如杀、盗、邪淫等,若已受戒者,若未受戒者,毁之皆罪。如是种种罪业,死必应堕地狱而受琰魔法王之考罚。然此诸业,有不知而犯,有明知故犯,有无意而犯;即今世未犯,而无始劫来未有不犯者。故《忏悔文》云:"我昔所造诸恶业,皆由无始贪嗔痴。"亦即忏悔往业。故人人皆有业因,必招业果,人人不能脱离琰魔王法,是以重重劝修药师佛法,或于现生增长福寿,或有临终往生净土,超脱三途,是皆救脱菩萨之大悲表现也。

丁三　药叉誓护周

戊一　列药叉众

尔时,众中有十二药叉大将,俱在会坐,所谓:宫毗罗大将,伐折罗大将,迷企罗大将,安底罗大将,頞你罗大将,珊底罗大将,因达罗大将,波夷罗大将,摩虎罗大将,真达罗大将,招杜罗大将,毗羯罗大将:此十二药叉大将,一一各有七千药叉,以为眷属。

有情持奉益中三周,今第三药叉誓护周。药叉神将闻佛法后,感佛恩德,发大誓愿,荷负有情,故有此周。此中有三,今初列十二神将之名。药叉翻音,非同药师翻义,亦作夜叉。常人闻夜叉之名,即同罗刹等起凶恶惊怪之想,实则不然,盖药叉非如罗刹等之专害人者。佛教说八部众,药叉位列第三;四天王八部神将,药叉居首。故无论在佛教,在护世四天王,药叉皆居次要与主要地位,护持佛法,誓愿弘深,故药叉实异常人之观念。复次，药叉即金刚力士，有天行药叉、空行药叉、地行药叉；其义翻为勇健，亦正显其是勇敢强有力者，不被一切摧伏而能摧伏一切，故诸佛菩萨往往现此金刚力士药叉身。又翻疾捷，显三种药叉，威德自在，人间天上，往来迅速，其疾如风。复次，一行禅师在《大日成佛经疏》中翻为秘密，其请佛说法之秘密主，即药叉主，以其勇健疾捷，一切身语意业神变莫测，故名秘密。又《楞伽经》在楞伽山为药叉王说，其威力极大，故《大日经》中称之为秘密主。复次，鸠摩罗什亦译贵人；言其为富贵人，自富贵复能使人富贵而居人之上。古印度民间求神之易感应者，药叉居多，故其祀奉亦极普遍。又密部咒语，皆列上首鬼神名号，而其最名最灵验者，亦推药叉。盖咒语有生善灭恶之功效，其义译作遮持，即遮一切恶，持一切善，故药叉能有求必应。昔清辨菩萨著《掌珍论》，综龙树《中论》明一切空义，与护法菩萨一切唯识义互相抗衡。而二说各具坚固之理，互不摧折。乃发愿保其色身，留待慈氏证明，求观音大士，满其所愿，后得观音感应，持咒咒开岩石，有药叉神出现，引入其中，保留色身，以待慈氏，得满所愿。此亦由药叉神将之力，其所持咒，亦属药叉神咒。上来所说各节，皆所以显药叉神将，在佛法中所居地位之重要也。又此经明十二大愿,与十二药叉神将,亦极有密切关系。药师本因地中所发十二大愿,上求佛德,下利有情,果上得满本愿,乃等流为十二药叉神将,故十二大愿,即化成十二药叉神将。故十二神将,乃佛果之化身,如西方弥陀欲令法音宣布,变化众鸟;而今东方药师欲令十二大愿具体表现,化此十二神将,故约迹而论,为十二神将;约本而论,即佛等流身也。宫毗罗,义为蛟龙,即金龙身首。伐折罗,义为金刚,手执金刚杵故。迷企罗,义为金带,腰束金带故。安底罗,义为破空山。頞你罗,义为沉香。珊底罗,义为螺女形,首冠华发如螺故。因达罗,义为能天主,亦云地持。波夷罗,义为鲸鱼,长大如鲸故。摩虎罗,义为蟒龙。真达罗,义为一角,头有一角故。招杜罗,义为严帜,又云杀者。毗羯罗,义为善艺。此十二名字不必作何等解释,若依印度原音呼召,即与神咒有同等功效;故下文定经名云:"亦名说十二神将饶益有情结愿神咒。"故十二名字,亦可当咒持诵;呼其上首名号,部众皆服,此十二神将,各有七千药叉以为眷属;既为首领,必有部众,首领既来,部众必俱。如药师有七佛,而以药师为主,余六佛为伴,七佛合作,成其曼答啰之团体;举念一佛功德,七佛齐彰焉。

戊二　感恩护法

同时举声白佛言："世尊！我等今者蒙佛威力，得闻世尊药师琉璃光如来名号，不复更有恶趣之怖。我等相率，皆同一心，乃至尽形归佛法僧，誓当荷负一切有情，为作义利，饶益安乐。随于何等村城国邑，空闲林中，若有流布此经，或复受持药师琉璃光如来名号恭敬供养者，我等眷属卫护是人，皆使解脱一切苦难，诸有愿求悉令满足。或有疾厄求度脱者，亦应读诵此经，以五色缕，结我名字，得如愿已，然后解结。"

既闻佛法，蒙佛威德，获大利乐，故发愿拥护是法，流通是法。无恶趣恐怖，可有二义：一、药叉依六趣言，属杂趣摄；依五趣言，属鬼趣摄。既在恶趣，自然不免恐怖，但今由佛力加被，作利生事，虽在恶趣而不生恐怖。二、蒙佛威力，闻佛法后善根增长，从此不复更堕恶趣，故无恐怖。但此二义，犹属浅释。若作深解，药叉由闻法功德威力，摄迹归本，即成药师佛心的十二大愿，将迹上所现之相摄归果上不思议功德之本，皆是药师如来法身、等流身、利乐众生之妙用。如弥陀之化众鸟,则觅恶趣之相尚了不可得,何恐怖之有? 此其所以感恩护法也。我等相率,皆同一心,此之一心,最为难得! 谚云:"二人同心,其利断金。"人不在多,若能志同道合,协力一心,即有作为。周武王说:纣有亿万人、亿万心,周虽三千人,皆同一心,故亡纣者必周。今无量药叉皆同一心,皈依三宝,荷负一切有情,其能如此,皆由佛力。义利二字,依中国向来解释,可作二种:一、以利为利,只顾个人利益,不管他人幸福者,属于不义之利。二、以义为利,至其极,所谓杀身成仁,舍生取义;见有于他人利乐之事,虽牺牲个己之物质财产与精神生命,亦所不惜。今药叉神将,唯作义利,故饶益有情也,依佛教解义利:利他为义,自利为利;与将来安乐为义,与现世安乐为利;出世福为义,世间福为利;真谛第一义为义,俗谛转烦恼成菩提为利。今药叉即作如是义利安乐有情,此义利既通现世与未来,故若此世,若他世,若在村国城邑等此经流布处,此人读诵处,皆起卫护,令诸修法有情离苦得乐。是故此十二神将之誓愿,即成七佛本因之誓愿,为此经所宗重。悉令满足、即消灾,有疾厄求救脱,即延寿。但欲消灾延寿,须修药师佛法;又以五彩丝缕,或梵字,或华字,结成名字,皆得随愿求遂;此即药叉神将所发之愿也。

戊三　释尊赞许

尔时、世尊赞诸药叉大将言："善哉！善哉！大药叉将！汝等念报世尊药师琉璃光如来恩德者，常应如是利益安乐一切有情。"

此释尊赞许药叉大将，既上求药师佛德，复下度有情众苦，难得希有，故双赞善哉。又、汝等药叉蒙佛威力，无恶趣怖，今宜念佛恩德，发起如是利益安乐一切有情之心，以恩报恩，理之当然也。

甲三　流通分

乙一　结名奉持

尔时，阿难白佛言："世尊！当何名此法门？我等云何奉持？"佛告阿难："此法门名说药师琉璃光如来本愿功德；亦名说十二神将饶益有情结愿神咒；亦名拔除一切业障；应如是持！"

前正说分中先示体相，总显此经之宗体；后明机益，彰此经之妙用；则此经之全体大用详矣。今此流通分，先结经名，更使见者一目了然。阿难为此经之记录结集者，故发斯问，立经总题,俾后世流通忆持不忘。佛定此经,总有三名:一名"说药师琉璃光如来本愿功德经",此从示体相中总明依正庄严之体,因果功德之相而立名。一名"说十二神将饶益有情结愿神咒经",此从明机益之妙用上立名。十二神将,荷负有情,誓愿弘深,凡有所求,必感应验;而药师自受用身甚深行处,等觉不知。末世众生,功德果海,感应为难,故就药师等流法身之十二神将,堪能饶益有情而立斯名。故今讲此经,特将药叉誓护周摄于正说分中也。一名"拔除一切业障经",此从机益,皆明消灾、延寿、拔苦、与乐之文而立名。既标经名,应如是持奉。

乙二　列众信受

时薄伽梵说是语已,诸菩萨摩诃萨,及大声闻、国王、大臣、婆罗门、居士、天龙、药叉、健达缚、阿素洛、揭路荼、紧捺洛、莫呼洛伽、人非人等一切大众,闻佛所说,皆大欢喜,信受奉行。

此一段文,为记录结集者所叙述。佛说此经已,结集者列出信受之众,有菩萨众、声闻众、人众、八部众。人众,即举国王、大臣等为代表。八部众者:天、龙、药叉,见前释。健达缚,此云寻香,寻觅香气为饮食故,乃天乐神。阿素洛,即阿修罗,此云无天德,有天福而无天德故。揭路荼,此云妙翅鸟,乃大孔雀神也。紧捺洛,此云疑人,似人而头有角,乃天歌舞之神。莫呼洛伽,乃腹行神,即蛇蛙等之变化能神者。菩萨、声闻、国王等,为人;天龙等,为非人。如是人非人等,闻释迦佛说是经已,皆大欢喜,信受奉行。盖闻法后,须生欢喜,方堪信受;若不欢喜,即难信受,而失说法之用。欢喜心油然而生,说法时间虽久,忘其疲倦而正信受。既信受已,则堪实践奉行,方能证果。此显佛法重于行证,而行证须先信受,信受方能行证;故说经之后,皆曰信受奉行,明佛法非徒口空言所能奏效也。经已讲完,谨祝愿云:闻药师法,信受奉行,消灾、免难、增福、延寿! 风调、雨顺、国泰、民安,饶益有情,同成正觉! (竺摩记)